Desenho de Projetos

Blucher

Gildo A. Montenegro

Arquiteto. Ex-Professor dos Cursos de Arquitetura e
Design da Universidade Federal de Pernambuco

Desenho de Projetos

Desenho de projetos
© 2007 Gildo A. Montenegro
8ª reimpressão – 2022
Editora Edgard Blücher Ltda.

Blucher

Rua Pedroso Alvarenga, 1245, 4º andar
04531-934 – São Paulo – SP – Brasil
Tel.: 55 11 3078-5366
contato@blucher.com.br
www.blucher.com.br

É proibida a reprodução total ou parcial por quaisquer meios sem autorização escrita da editora.

Todos os direitos reservados pela Editora Edgard Blücher Ltda.

FICHA CATALOGRÁFICA

Montenegro, Gildo A.
    Desenho de projetos / Gildo A. Montenegro
1.ª ed. – São Paulo: Blucher, 2007

ISBN 978-85-212-0426-8

    1. Arquitetura – projetos e plantas 2. Desenho arquitetônico I. Título

07-4119   CDD-729

Índices para catálogo sistemático:
1. Desenho de projetos: Arquitetura   729
2. Projetos: Desenho: Arquitetura   729

Desenho de projetos V

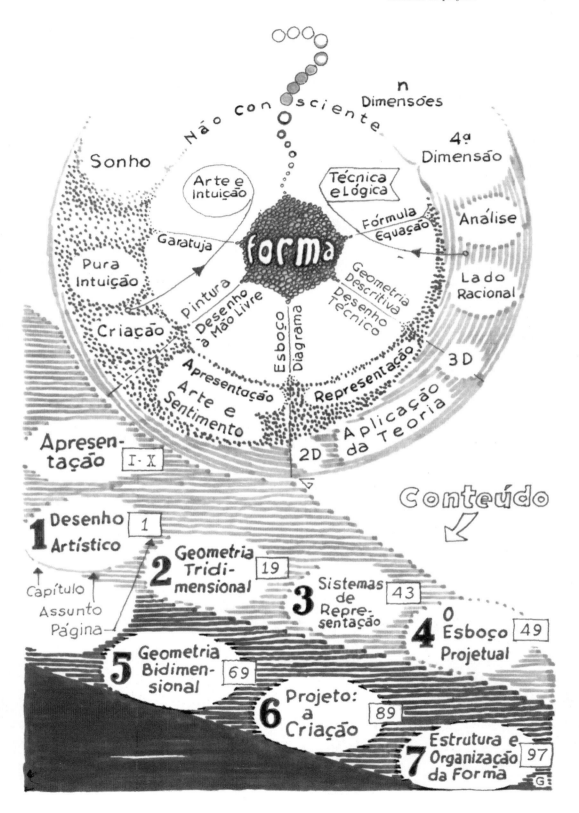

Apresentação

Este livro nasceu da percepção de que aqueles que desenham são órfãos de um ensino que, com exceções aqui e ali, eliminou geometria, desenho e arte do currículo do segundo grau. Como se os estudiosos e os profissionais de Arquitetura, Projeto de Produto, Programação Visual, Design de Interior, Publicidade e afins pudessem prescindir da representação gráfica.

E, no entanto, ocorre a contradição: os cursos profissionais daquelas áreas começam cobrando a realização de trabalhos gráficos de seus alunos que, na maioria das vezes, jamais riscaram figuras além daquelas que enchem seus cadernos e seus sonhos. Numa prova gritante da necessidade da Arte e do Desenho, que alguns burocratas fingem não ver.

Este livro foi desenvolvido com o propósito de ser útil a tais pessoas que insistem em riscar. Ele não aprofunda os assuntos, pois sua pretensão maior é a de orientar os primeiros passos. Ou traços. E estimular o leitor para que avance, soltando o lápis e a imaginação.

O livro é dividido em sete capítulos, tendo cada um deles a indicação de obras que aprofundam o conteúdo.

O Capítulo I trata do **Desenho Artístico** ou Desenho de Observação como expressão individual e como experiência. Procura-se liberar a criatividade e a imaginação, fazer experiências; literalmente, correr o **risco** em seu duplo significado: o de arriscar, que envolve erros e acertos, e o de riscar, traçar, deixar o lápis a riscar, a deslizar rapidamente e sem medo.

No Capítulo 2 estuda-se a **Geometria Tridimensional** ou a (mal) afamada Geometria Descritiva procurando tirar, desde os primeiros traçados, seu caráter de abstração teórica. Isto vem de mais de dois séculos e necessita adaptar-se ao mundo atual: a geometria aplicada à representação técnica. Porém, sem com isto fechar o caminho para os poucos apaixonados que irão se dedicar às geometrias: de duas e de três dimensões, não-euclidianas, fractais, esféricas e outras mais.

O Capítulo 3 apresenta um resumo dos **Sistemas de Representação gráfica** mais utilizados. Ele ensaia uma visão geral do assunto.

No Capítulo 4, sob o título de **O Esboço Projetual**, o livro orienta como fazer o esboço com a finalidade de representação de projetos. Aí se aborda a necessidade de habilidade manual no esboço e do domínio do lápis no nascimento das primeiras idéias; em continuação, abordam-se algumas técnicas de apresentação de projetos. E, indo além das normas, o livro mostra como o desenho técnico a instrumento — habitualmente seco, preciso e neutro — merece receber um verniz artístico que valorize o projeto.

A **Geometria Bidimensional** ou Plana é tratada no Capítulo 5 como ponto de partida para a criação de projetos. "Do nada nada se cria", lembrou-me a Dra. Gisele Carvalho, ex-aluna que foi além do professor (ele se sente gratificado por ter realizado sua missão: estimular o potencial do aluno). De fato, o futuro projetista necessita de um vocabulário de formas; **não para copiar,** porém que lhe sirva de **muleta** para avançar nos primeiros esboços. Aqui, a muleta é um estágio provisório no resgate do potencial artístico e criativo e, no entanto, esta orientação nem sempre é dada ao aluno universitário. Como resultado, aquele potencial que repetidamente aflorou no ensino pré-primário acaba por ser abafado e abandonado por falta de uso e de estímulo.

O Capítulo 6 mergulha no **Projeto e** na **Criação.** Criatividade é substantivo abstrato, pois o que subsiste é a criação, o projeto. O leitor encontra observações de quem viveu de e na criação; minha experiência, limitada à Arquitetura e ensino, recebeu contribuições do publicitário e sobrinho Humberto Montenegro; mais do primeiro (publicitário) que do segundo...

O livro se encerra com **Estrutura e Organização da Forma** no Capítulo 7. Na primeira parte, conta-se como as estruturas de cobertas evoluíram das vigas e abóbadas para as formas leves e autoportantes (que se sustentam sem vigas). Na segunda parte se mostra como elementos simples podem gerar projetos ricos e de que maneiras esses elementos podem ser dispostos a fim de resultarem em projetos com harmonia, equilíbrio e proporção. A Arte por si só não constitui um projeto, mas o projeto não pode prescindir dela.

O autor fecha esta Apresentação pedindo que seus leitores enviem críticas e sugestões para o aperfeiçoamento da obra. Sem isto, ela arrisca-se a ficar parada no tempo e no espaço e, no entanto, a vida é movimento. Mexa-se!

Recife, março/2007

Sobre o Autor

Gildo Azevedo Montenegro foi professor nos cursos de Arquitetura e de Design da Universidade Federal de Pernambuco e ministrou cursos em dez estados brasileiros. É graduado em Arquitetura e fez Especialização em Expressão Gráfica na UFPE. Tem trabalhos publicados em jornais, em anais de congressos científicos e em revistas técnicas do Brasil e de Portugal. Sua linha atual de estudos engloba aprendizagem, intuição, criatividade e inteligência. Gosta de serrar madeira, de fotografar e de colecionar piadas. Nasceu na Paraíba e mora no Recife com a esposa e uma filha; dois filhos moram fora de casa e uma outra filha reside no exterior.

© Josenilson Santana

Livros publicados pela Editora Blucher, São Paulo:

- **Desenho Arquitetônico**, 1.ª Edição 1978/4.ª edição 2001, 23 reimpressões;
- **A Perspectiva dos Profissionais**, 1983, 13 reimpressões;
- **Ventilação e Cobertas**, 1984, 7 reimpressões;
- **A Invenção do Projeto**, 1987, 3 reimpressões;
- **Geometria Descritiva**, 1991, 2 reimpressões;
- **Inteligência Visual e 3D**, 2005.

Livro publicado pela Editora SCHDS, Porto Alegre:

- **Habilidades Espaciais: Exercícios para o Despertar de Idéias**, 2003.

Desenho Artístico

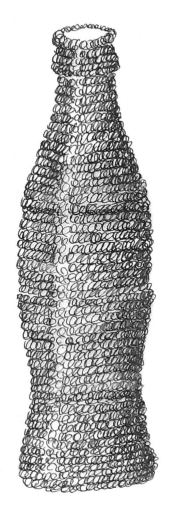

O objetivo deste capítulo é mostrar como EXPRESSAR UMA IDÉIA, como sintetizar uma figura por meio de esboço rápido e, para isto, o primeiro passo é perder o medo de desenhar. Em outras palavras, não se vai mostrar como copiar a forma EXATA de objetos; isto se faz mais facilmente por meio de fotografia.

A criança risca livremente, faz garatujas, pinta. Até que um dia ela chega à adolescência e passa a querer imitar o desenho de alguém ou quer fazer um tipo de desenho de que gosta. Em geral, a pessoa não consegue e se sente frustrada. "Eu não sei desenhar. Eu não dou para desenho". A mensagem negativa entra fácil na cabeça. E, como a imaginação sempre vence a luta contra a razão, cria-se uma barreira mental que inibe qualquer tentativa da razão.

É por aqui que este livro vai mostrar que qualquer pessoa que sabe escrever pode desenhar. Vamos ver o que acontece na vida do adolescente. Da mesma maneira que não existem duas pessoas iguais, também os desenhos delas serão diferentes. Não apenas suas mentes são diferentes; suas experiências no mundo e no desenho foram também diferentes. Simplesmente, não pode haver dois desenhos iguais feitos por pessoas diferentes!

Outro aspecto a considerar é que há quem comece a desenhar fazendo **cópia** de um grande artista; por exemplo, Da Vinci, Miguel Ângelo, Dürer. Mas o que costuma aparecer nas reproduções de livros e revistas são reproduções de trabalhos destes artistas já maduros, no auge de sua expressão artística; são, portanto, obras-primas... de gênios da Arte!

É muito difícil que um principiante faça coisa igual. Já mostramos que a cópia igual não tem sentido. Claro que um principiante com prática desenhará tão bem como um artista experiente; é questão de persistência, de dar tempo ao tempo. Mas o que se procura não é a cópia; é um trabalho expressivo, pessoal e bem feito.

Por outro lado, a cópia pode ser aceita sob condições:

1. Como fase **transitória** e inicial na evolução do desenhante.

2. Sem se prender muito aos detalhes ou à imitação servil.

3. Como ponto de partida na busca de seu jeito pessoal de expressão.

Vamos falar do material de desenho, antes de começar a parte prática e os exercícios.

OS PAPÉIS

O papel industrial ou papel tipo jornal é vendido em folhas de 66 x 96 cm, aproximadamente com gramatura (peso por metro quadrado) variável e com cores que vão do branco ao creme claro.

Encontram-se no comércio papéis nos formatos A4 (210 x 297 milímetros) ou A3 (420 x 297 milímetros) com papel de gramatura variando de 75 g/m^2 (mais fino) a 92 g/m^2 (mais encorpado ou espesso) sendo vendido em folhas ou em blocos. A qualidade vai desde o papel usado comumente para cópias até os papéis especiais para artes gráficas: Canson, Piraí, Schoeller e outras marcas comerciais. Na linha de papéis transparentes ou não opacos existem os papéis vegetais que, em geral, são pouco adequados para o desenho à mão livre.

Sugere-se a utilização do papel usado de um só lado (correspondência postal inútil ou cópias defeituosas, por exemplo); use o lado em branco para fazer esboços. Não se trata apenas de evitar o desperdício, mas de poupar as árvores. Nem sempre temos consciência de que uma folha de papel é feita de árvores derrubadas e de tratamentos químicos altamente poluentes.

Existe ainda a opção do chamado papel madeira, cuja face áspera é adequada para lápis macio, *crayon,* giz de cera ou pastel (ver adiante).

LÁPIS

Recomenda-se o lápis de madeira com graduação do grafite (miolo) na graduação B: de 2B até 6B, todos bem macios. A graduação F é menos macia e a do tipo H é bastante dura. Assim, estes dois tipos são inadequados para o desenho à mão livre.

Também **inadequadas** para o desenho à mão livre são **as lapiseiras**, ou porta-lápis, que comportam minas de grafite de 0,3 até 9 milímetros. O motivo é que a ponta sempre fina fere ou arranha o papel e não desliza ou escorrega sobre ele.

O giz de cera é um bastão de cores diversas feito com pigmentos e base oleosa. Pode ser adequado para desenhos grandes e esboços rápidos feitos em papel de textura áspera.

O pastel é um bastão quadrado ou redondo, sendo igualmente chamado de óleo seco. É semelhante ao giz de cera, porém mais macio e tem maior variedade de cores.

O *crayon* (pronuncia-se CRÉION) é uma mistura de carvão ou pigmentos corantes caracterizada por cores fortes e pela macieza da textura. Apresenta-se em lápis ou em barras quadradas de 4 milímetros. Dá excelentes efeitos gráficos em papel áspero.

A aquarela dá belo efeito colorido por sua transparência e pode ser aplicada em desenhos a lápis ou a *crayon,* porém exige técnica apurada e papel especial. É pigmento sólido, em pastilhas, ou pastoso sob forma de bisnagas. Existe também sob forma de bastão ou lápis solúvel em água.

Apresentamos uma série de exercícios que funcionam como treinamento da visão.

O objetivo é **REFINAR**, apurar a visão. Muitas vezes olhamos, mas não vemos. Pequenos detalhes, formas e diferenças não são percebidos. Outro aspecto destes exercícios é fazer com que a mão seja LIVRE e LEVE de modo que o traço corra, deslize, escorregue suavemente.

O lápis atua como uma bailarina, só que seus rastros ficam no papel.

Desenho artístico   5

Exercício 1

Amplie esta figura para o formato A4.

Copie cada sinal no quadro vazio à direita.

Use lápis macio tipo 2B ou 6B. Não use borracha! Repita, repita...

Não leia o texto adiante antes de ter concluído seu desenho!

Depois de ter realizado o exercício n.º 1, faça este teste: no primeiro quadrado seu desenho acompanha o pequeno círculo à direita? Você observou que ele está fora do centro, um pouco para baixo? Examine seus esboços e refaça: uma, duas, três vezes.

Desenho é prática! Muita prática.

Exercício 2

Seguir a orientação da página anterior.

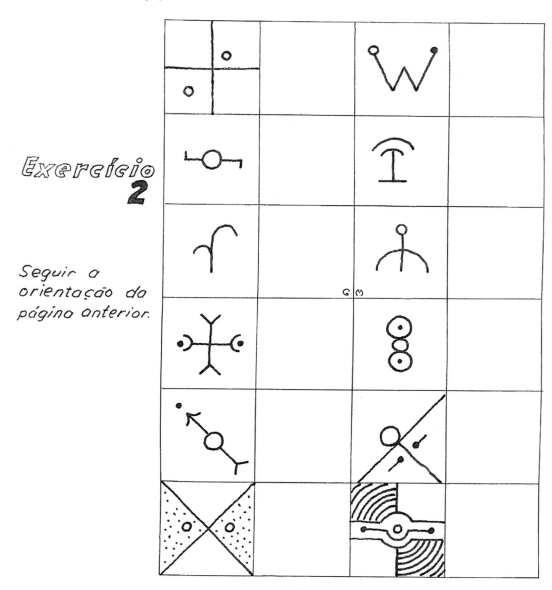

O exercício 3 — ver figura na página seguinte — envolve o adestramento da visão e da mão/lápis. Em cada uma das figuras, deve-se colocar um eixo vertical que servirá de **apoio visual** (nada de fazer medições!) para o traçado da figura simétrica. Daí o nome de eixo de simetria dado a esta linha.

Desenho artístico

Exercício 3

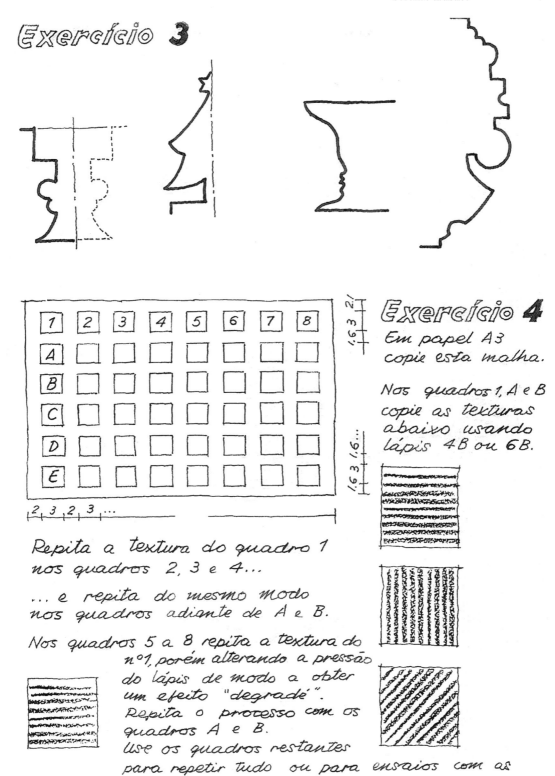

Exercício 4

Em papel A3 copie esta malha.

Nos quadros 1, A e B copie as texturas abaixo usando lápis 4B ou 6B.

Repita a textura do quadro 1 nos quadros 2, 3 e 4...

... e repita do mesmo modo nos quadros adiante de A e B.

Nos quadros 5 a 8 repita a textura do nº 1, porém alterando a pressão do lápis de modo a obter um efeito "degradé".
Repita o processo com os quadros A e B.
Use os quadros restantes para repetir tudo ou para ensaios com as texturas da figura seguinte.

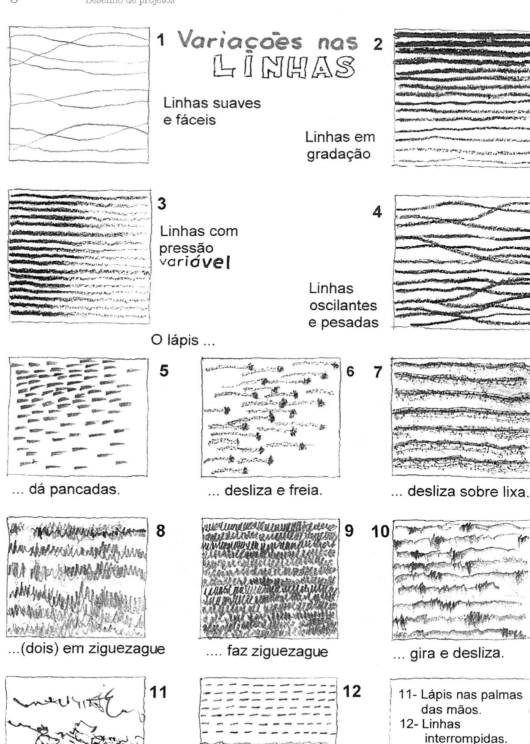

Desenho artístico

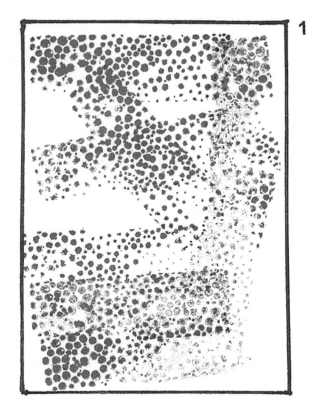
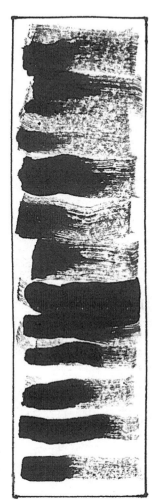

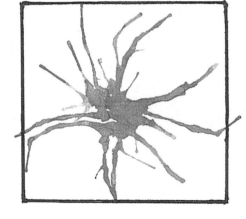

1. Carimbo de isopor
2. Gota de tinta empurrada por cartão
3. Gota de tinta soprada com canudo
4. Caneta + tinta puxada com faca

TEXTURAS

Elas criam o efeito de contraste na figura, assunto que se estuda mais adiante. O exercício 4 é feito para treinar a mão, dando-lhe mobilidade e velocidade. Que serão extremamente úteis para os exercícios vindouros e para a vida profissional.

Na metade inferior desta folha de exercícios, o leitor, depois de escolher alguns exemplos apresentados nas duas páginas anteriores, fará suas experimentações. Aí poderá soltar sua imaginação e criar outras variantes de texturas.

Vale lembrar que texturas são perceptíveis pelo tato, sobretudo. Na verdade, o que fazemos é a **representação** de texturas.

Exercício 5

Apanhar do chão (melhor do que arrancar da árvore) uma folha e desenhar

O CONTORNO e a

ESTRUTURA ou as nervuras.

Exercício 6

Aqui não há possibilidade de você arrancar, pois se trata de representar a árvore inteira. O ideal é sentar num banco de praça (poucos prédios possuem árvores, infelizmente) e fazer vários esboços rápidos com lápis 6B. Depois mude de ponto de vista e repita o exercício. Faça imagens de diversos tamanhos e procure captar o conjunto e a estrutura (tronco e ramos), se ela for visível. Em caso contrário, faça o contorno e encaixe a estrutura em seu esboço.

Exercício 7

Observar e representar objetos do cotidiano: copos, móveis, jarros, objetos da decoração, frutas, tudo o que estiver disponível em sua casa. Se preferir o ambiente externo, esboce abrigos de ônibus, orelhões, bancos de praça, estátuas. E não esqueça de colocar sombras.

A maior ou menor quantidade de **DETALHES** depende do tamanho da figura no papel e da distância do OBSERVADOR.

O CLARO E O **ESCURO**
O mesmo objeto pode ser apresentado em tons médios e escuros (acima) ou...

... pode ser destacado por meio de **CONTRASTE** contra o fundo escuro.

Desenho artístico 13

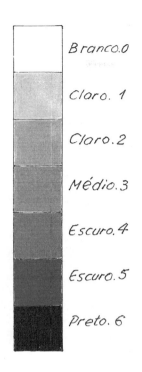

Tons de claro-escuro

Divida a faixa em 7 partes e pinte os espaços indo do branco até o cinza e daí prosseguindo para o preto. Esta faixa de tons ou de tonalidades lhe dá a base para as variações do claro para o escuro. Compare partes da figura anterior com os tons da faixa, de modo a classificar cada porção.

Exercício 8

CRIAR LETRAS DE FANTASIA

É mais uma oportunidade de desenvolver sua imaginação. É comum vermos produtos comerciais associados a uma caligrafia somente deles. O texto que você está lendo é um exemplo de caligrafia de imprensa, onde cada letra está sujeita a especificações relativas à largura, altura, espessura e inclinação.

A letra de fantasia é o oposto do tipo de imprensa: não está sujeita a regras, exceto as de boa apresentação gráfica, que envolvem arte e imaginação.

OBSERVAÇÕES

Se for fazer cópia, sugerimos que copie usando **técnica** diferente do original. Se o original é uma tela a óleo, ela poderá ser reproduzida a lápis, *crayon* ou nanquim em preto e branco ou com adição de apenas UMA cor. Quando o original é um bico de pena, que ele seja copiado com lápis 6B; isto é, sempre alterando a técnica.

Outro procedimento válido é fazer a cópia restrita a uma parte do original. Detalhar, por exemplo, a mão ou o rosto de uma figura de corpo inteiro ou as dobras de um tecido ou roupa.

Convém que esta cópia seja feita em **traços rápidos**, já que o objetivo é treinar a capacidade de ver e a liberdade do traço.

A liberdade do traço, a linha solta e rápida, é essencial e depende fundamentalmente de prática, de **muita prática**. Recomendamos que o leitor esboce tudo aquilo que está na sua frente: outra pessoa, uma garrafa, um copo, uma cadeira, tudo. A mão livre deve ter também assunto livre... em qualquer lugar, com qualquer coisa que risque: caneta esferográfica, lápis, um pedaço de carvão, batom, o escambau. Em qualquer papel: na toalha ou papel da mesa do bar, no guardanapo, na caixa de fósforo. Em qualquer lugar: na fila do banco, na sala de espera de um consultório, bom ... portas de sanitários públicos devem ser evitadas pois, em geral, já estão emporcalhadas! Aí vem uma dúvida: por que as portas das casas não são decoradas? Por que quadros têm de ser pendurados sempre nas paredes? Seus esboços podem ser colados com fita adesiva nas portas... E sempre renovados. Quem sabe se não é o começo de uma carreira artística? (Não irei cobrar pelo conselho!).

Ainda que trabalhos de boa qualidade não surjam de imediato, a utilização da **linguagem** do desenho libera emoções, tanto quanto a música. É pena que este resultado seja pouco divulgado pelos psicólogos e pelos professores. Esquece-se que a linguagem gestual (o que é o traço senão um gesto que ficou gravado?) é usada pelo recém-nascido, muito antes da linguagem falada. Dê a um bebê de 8 meses um pouco de tinta ou um toco de giz e ele irá garatujar imediatamente; cabe aos pais fornecer jornal ou papel barato, a fim de poupar a tinta das paredes.

Com o esboço rápido não vá o principiante querer realizar uma obra de arte na primeira tentativa; pode ocorrer, mas é raro. O normal será você acertar sempre, pois não há desenho errado, uma vez que o ponto fundamental no exercício é liberar o traço, perder o medo, a inibição de riscar. Se o trabalho vai para uma exposição de arte é outra história. Então, vamos meter o lápis no papel e gastar papel. Aliás, não é gasto; é **investimento.** Treine sempre, muito e continuamente. Um dia você já lembrará de que tinha medo de riscar.

O principiante deve estar ciente de que não existe esboço certo ou errado. Se você riscou, está valendo, pois é uma etapa de seu desenvolvimento. Então, vamos repetir e aperfeiçoar. A melhoria vem com a prática e mais ligeiro do que você imagina.

O fato de você folhear livros e revistas de arte, freqüentar exposições, assistir a filmes e conferências é uma boa ajuda; é o lado intelectual do desenho. No final de cada capítulo, o leitor curioso encontra uma lista de obras que merecem ser lidas. Mas a parte intelectual não deve se sobrepor à prática do esboço.

Por falar em erro, é comum o principiante querer corrigir um traço usando borracha. O errado é corrigir. Não faça isto! Seu esboço não está errado, mas se não gostou de alguma coisa, **FAÇA OUTRO!** Borracha é material proibido em desenho à mão livre.

Agora, dá para perceber por que a borracha não foi incluída na lista de material do início do capítulo. Não compre e não use a do vizinho. A borracha pega bem em pneus e em chinelos, mas em esboços é um desastre.

Desenhar no computador está da moda. É verdade que ainda não apareceu um bom artista que tenha aprendido a arte de desenhar num computador. A tendência é que a tecnologia venha a evoluir até este ponto. Por ora, ela não satisfaz, se bem que o computador é insubstituível para muitos usos e usuários.

Alguns pensamentos do Professor Jorge Wagensberg, investigador e cientista que reside em Barcelona:
- Um desenho é sempre uma compressão e, portanto, também é uma compreensão.
- Ver é abrir a percepção.
- Mirar é fixar a vista.
- Observar é recriar a mirada.

Exercício 9

Receitas de cozinha geralmente apresentam lista de produtos e uma seqüência de ações: apenas textos. Você já pensou em transformar uma destas receitas em ilustrações com o mínimo de textos?

Exercício 10

Muitos livros de educação física orientam sob forma de prosa, porém isto deixa muitos praticantes em dúvida. Tome um capítulo e apresente os exercícios sob forma predominantemente ilustrada.

Exercício 11

Adapte o manual de usos de um liquidificador, de celular, de forno de microondas para uma linguagem mais visual: muitas ilustrações e o mínimo de textos.

Para se aprofundar:

Kimon Nicolaïdes – The Natural Way to Draw – Boston: Houghton Mifflin, 1969.

    Excelente livro, apesar ou por causa de sua ambição de querer que o Leitor se torne apreciador de Arte.

Betty Edwards – Desenhando Com o Lado Direito do Cérebro – Rio de Janeiro: Ediouro, 1984.

    Há outros livros e até revistas em fascículos de qualidade aceitável.

Geometria tridimensional

O projetista costuma criar ambientes ou objetos que são, em geral, tridimensionais, ou seja, têm três medidas: comprimento (x), largura ou profundidade (y) e altura (z).

Imagine um cubo:

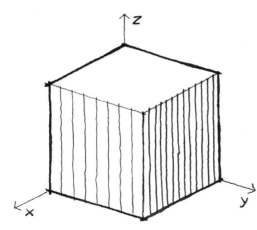

Trata-se de um objeto tridimensional, porém ele está representado aqui por meio de uma figura bidimensional.

Propomos que faça esta experiência com um amigo: um dos dois observa um automóvel e o descreve por meio de palavras, sem utilizar figuras, imagens ou fotografias. A segunda pessoa recebe este texto e, sem ter visto o automóvel, tenta desenhá-lo.

A parte final desta experiência acontece quando as duas pessoas comparam os desenhos com o automóvel à sua frente. A surpresa é total! Dados importantes foram omitidos; a descrição não corresponde às peças e formas. Fica, então, comprovada a validade de antiga expressão popular: uma imagem vale por mil palavras.

A importância da expressão gráfica precisa ser assimilada e assumida pelo projetista, como sendo um dogma de fé.

Se o projetista cria formas, ele necessita saber representá-las. Sem sua representação, um projeto não passa de **fantasia**, pouco importa sua qualidade. Seria como uma partitura musical não escrita. Como vamos ter idéia desta música sem ouvi-la ou, no caso de um músico treinado, sem sequer vê-la transcrita?

Portanto, não basta ter a capacidade de **criar formas**. É preciso saber representá-las, conhecer as regras ou os sistemas de representação gráfica.

Vamos começar estudando um destes sistemas, a chamada projeção cavaleira, e mais adiante apresentaremos outros exemplos de representação gráfica.

Sugerimos iniciar preparando um cubo feito de sabão em barra, argila, massa de modelar ou isopor (o material branco e esponjoso que é utilizado em embalagens protetoras e que os químicos chamam de poliuretano expandido). O leitor utilizará o material mais facilmente disponível e com ele modelará um cubo tendo 4 centímetros de aresta.

Numa folha de papel A4, o leitor desenha à mão livre ou a instrumentos os eixos x, y e z como indicados na figura.

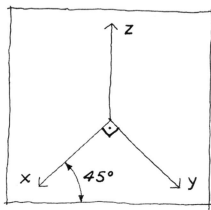

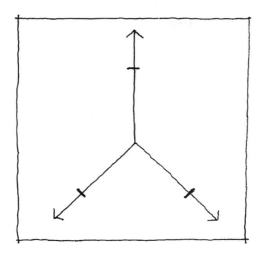

Feito isto, marcam-se as arestas do cubo nos três eixos como na figura à esquerda. Não são LADOS; esta palavra é reservada para o quadrado, que tem quatro lados, enquanto o cubo tem várias arestas. Conte-as, por favor, em seu modelo.

Traçam-se linhas paralelas aos eixos, passando pelos pontos já assinalados,

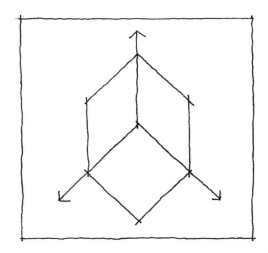

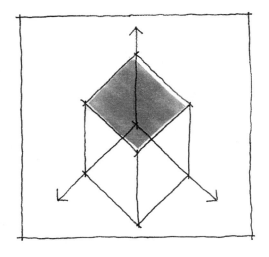

...e completa-se a representação do cubo, sempre utilizando paralelas.

Agora você reforça as linhas visíveis e tem o cubo representado no papel, em duas dimensões, tendo em suas mãos o modelo físico ou maquete. Assim, você pode sobrepor o modelo à vista superior desenhada e observa que a base superior ou tampa do cubo tem ângulos retos, ou de 90°, que formam um quadrado. Este quadrado está representado em **verdadeira grandeza**, que é um termo técnico da Geometria Descritiva (GD).

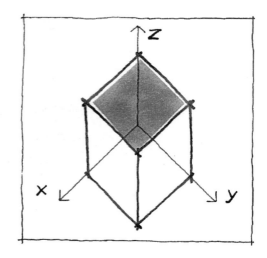

As faces laterais e a frontal são também quadrados em seu modelo, mas não no seu desenho no papel. Por que esta diferença entre os ângulos reais, no modelo, e na representação? É que a representação deformou os ângulos das faces na figura ao lado, portanto elas não estão em verdadeira grandeza (VG).

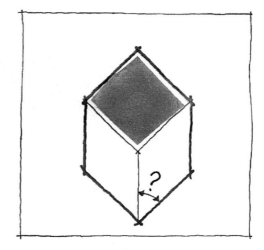

Representação tridimensional

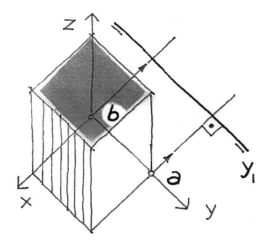

Para obter a VG da face frontal, que está na figura ao lado, preenchida por traços verticais paralelos, passamos uma paralela ao eixo Y e levamos os pontos **a** e **b** da base do cubo para y_1, por meio de perpendiculares.

Acima da reta Y_1, sobre as perpendiculares já traçadas, marcamos a altura **h** do cubo ou aresta: ver figura abaixo. Agora, temos o quadrado que corresponde à face frontal do cubo em VG, isto é, temos a projeção vertical ou vista frontal do cubo.

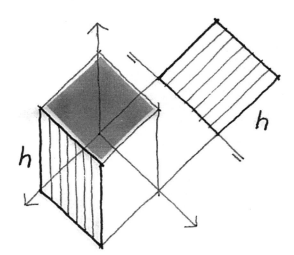

Obtemos a vista lateral direita da mesma maneira:

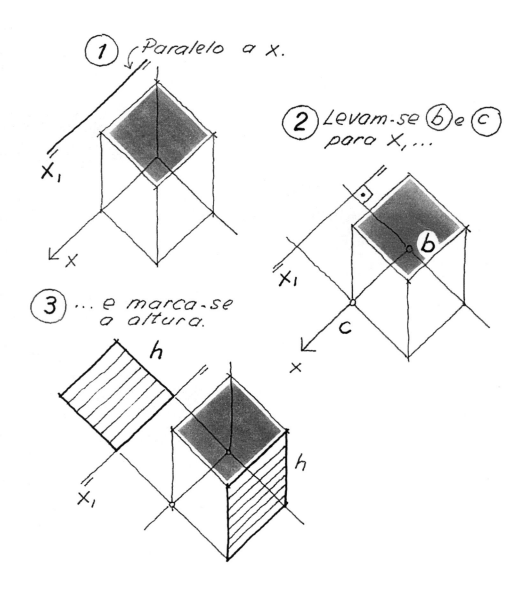

O cubo está representado na figura abaixo como um volume, no centro da imagem, tendo em sua volta as vistas lateral direita, frontal e superior. A vista superior, também chamada de projeção horizontal ou projeção sobre o plano horizontal, é obtida pelo prolongamento das arestas verticais do cubo.

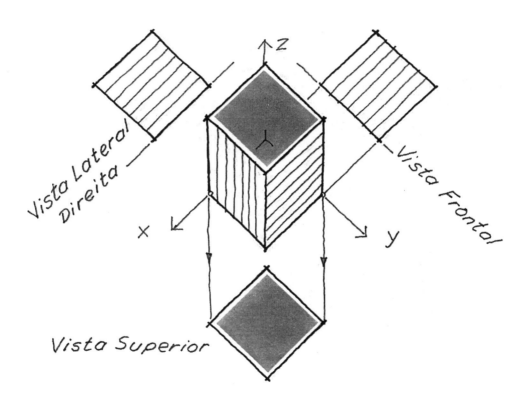

A figura abaixo mostra uma representação diferente do cubo, onde a volumetria fica na parte inferior do desenho:

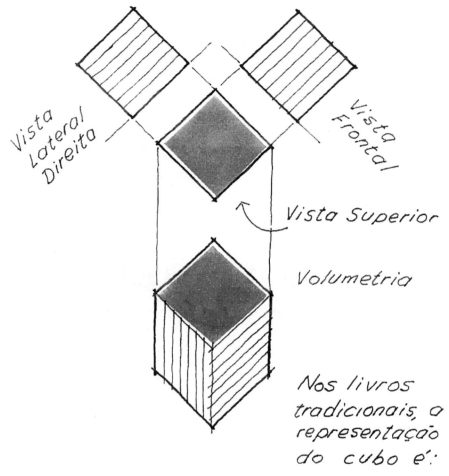

Nos livros tradicionais, a representação do cubo é:

O ponto-chave é
ENTENDER
o que está fazendo; então, o tipo de representação é uma questão de escolha.

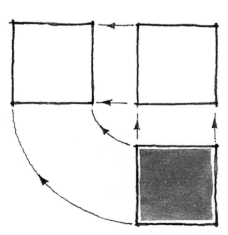

Outra maneira de obter as faces laterais em VG é por meio de rotação; as faces laterais giram até que fiquem de frente para o observador, como na figura a seguir, portanto em VG, pois são paralelas ao plano vertical.

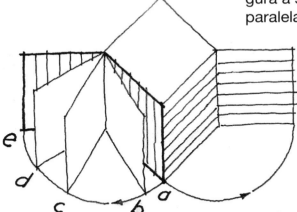

Os livros tradicionais de GD costumam estudar rotação e rebatimento como assuntos independentes. Na prática, isto não tem significado; são dois rótulos para um único produto.

Voltemos ao modelo do cubo; nele vamos dar os dois cortes indicados na figura ao lado, de modo a obter o modelo ou maquete de uma poltrona. Feito isto, o leitor pode começar desenhando o cubo inteiro como se viu na página 25 ou, se preferir, na figura da página 26.

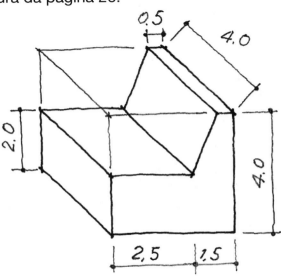

Exercício 1

A figura abaixo orienta a colocação dos eixos na folha de formato A4, de modo a evitar que as projeções ou vistas fiquem fora do papel. Na parte à direita desta mesma figura, mostra-se o aspecto final das diversas vistas a fim de orientar o principiante.

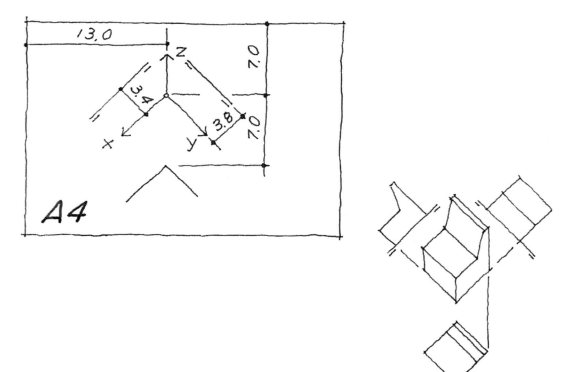

O leitor pode começar desenhando o cubo ainda inteiro e, em seguida, fará a representação dos cortes indicados, de modo a obter as vistas da poltrona.

A aprendizagem é mais bem retida quando o leitor aplica **cores** no modelo e transporta este colorido para as vistas correspondentes. Para fixar ainda mais o assunto, o leitor poderá fazer um modelo em cartolina ou cartão, colando as faces recortadas por meio de abas ou de fita adesiva.

No final do capítulo, aparecem as soluções dos exercícios. O ideal é que elas somente sejam consultadas após o leitor ter realizado seu traçado.

Exercício 2

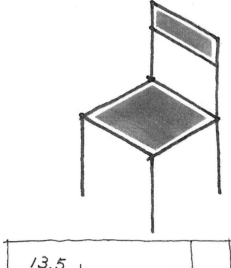

Dados

Assento 43 x 43 cm
Altura do assento 40 cm
"   total 80 cm
Pés   4 x 4 cm
Barra do encosto 15 x 1 cm

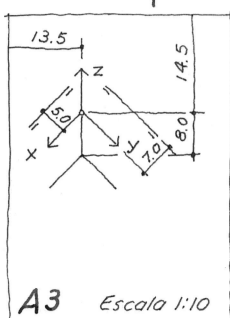

Trata-se de representar uma cadeira segundo o esboço e as medidas indicadas.

Recomendamos utilizar o formato A3 em função da existência de peças de pequenas dimensões além de eventual complicação com o uso da escala 1:13 no formato A4.

- Desenhar a volumetria e as três vistas da cadeira.
- Aplicar cores como no exercício anterior; dá melhor apresentação ao desenho.
- Fazer maquete utilizando papelão ondulado e palito de dentes.

Pode-se observar que o modelo não apresenta rigidez, é instável. Descubra como fazer para que a cadeira fique estável. Isto lhe dará idéia do comportamento das estruturas em geral.

Mais uma vez, recomendamos somente consultar as respostas que estão no final do capítulo, após ter completado os desenhos com indicação de legenda ou título de cada vista, escala utilizada, nome e assinatura do desenhista, cidade, data, etc.

Exercício 3

A figura abaixo mostra um jipe esquematizado. O veículo ficou estacionado em local deserto e as rodas sumiram; por ora, vamos esquecê-las.

Sugere-se ampliar a figura central utilizando medidas compatíveis com o formato A4 ou, se preferir, A3 e completá-la com as vistas, segundo o diagrama adiante.

O objetivo deste exercício é desenhar as vistas ou projeções e obter todas as verdadeiras grandezas.

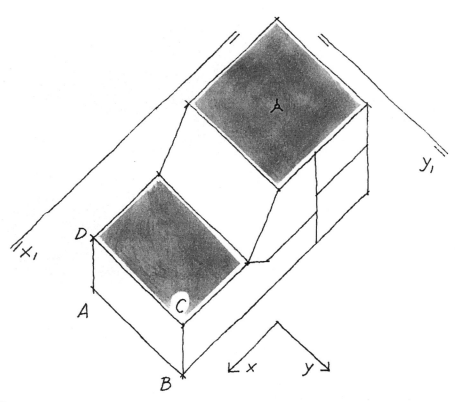

O capuz do motor e a capota pertencem a planos horizontais e, por este motivo, estão representados por suas verdadeiras grandezas. O plano ABCD ou radiador do jipe não está em verdadeira grandeza: observe que as diagonais AC e DB têm medidas diferentes. Contudo, este plano ABCD estará em verdadeira grandeza na vista frontal.

Para obter a verdadeira grandeza da porta do jipe você recorre à vista lateral. Mas existe a opção de fazer uma rotação ou rebatimento da porta em torno de seu eixo vertical na volumetria. Isto é mostrado na parte inferior direita da figura: a linha horizontal **s** na parte inferior da porta gira até a posição s_1; o mesmo traçado é aplicado aos pontos **p** e **n**, completando a VG da porta.

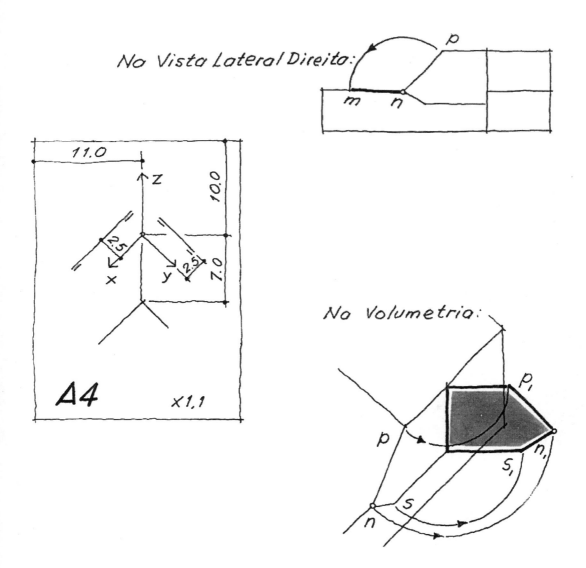

O pára-brisa não está em verdadeira grandeza nos desenhos, pois ele é um plano oblíquo ou plano inclinado. No veículo real, ao ser retirada a capota, o pára-brisa pode ser deitado ou rebatido sobre o capuz. Esta operação geométrica é mostrada na parte direita da figura acima e deve ser aplicada em seu desenho na vista superior ou na volumetria.

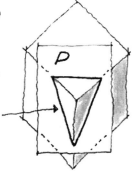

O cubo está cortado por um plano P. Em GD se diz que a parte cortada (ou secionada) é uma SEÇÃO PLANA.

CORTAR ou SECIONAR envolve a determinação de pontos pertencentes a linhas retas ou curvas e exige, em geral, a obtenção da verdadeira grandeza da seção plana; é o que mostra a figura abaixo. Observa-se que rebatimento e rotação são palavras diferentes para a mesma operação gráfica.

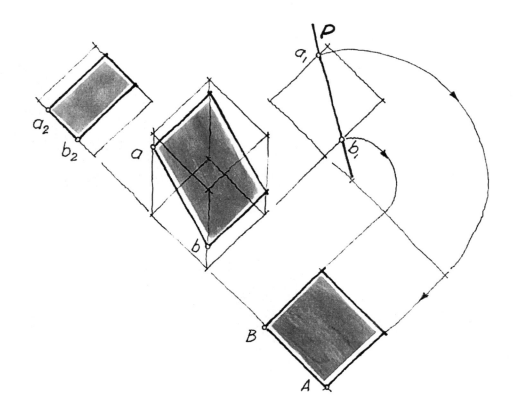

Representação tridimensional 33

Exercício 4

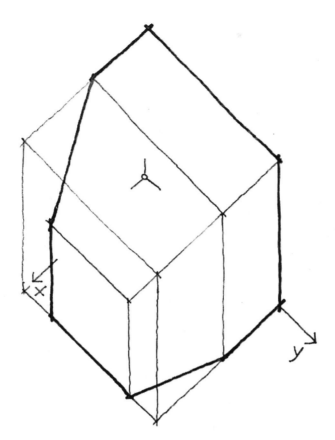

Esta é uma oportunidade de aplicar seu conhecimento de verdadeira grandeza, planificação, determinação de vistas, etc.

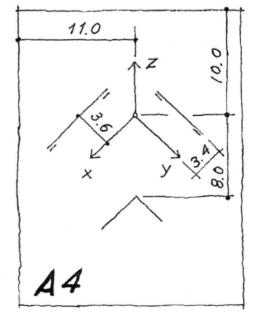

O diagrama ao lado evita que o traçado saia dos limites do papel.

Exercício 5

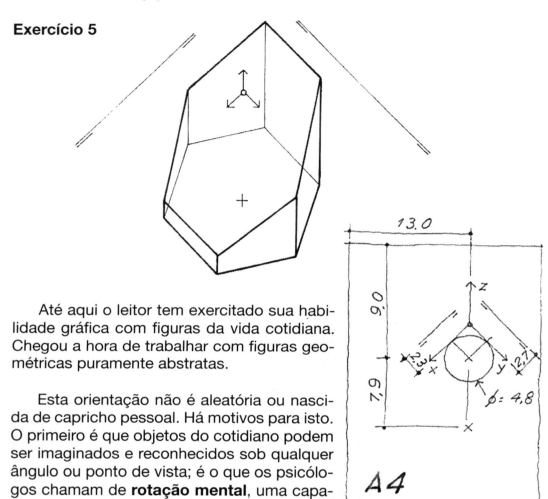

Até aqui o leitor tem exercitado sua habilidade gráfica com figuras da vida cotidiana. Chegou a hora de trabalhar com figuras geométricas puramente abstratas.

Esta orientação não é aleatória ou nascida de capricho pessoal. Há motivos para isto. O primeiro é que objetos do cotidiano podem ser imaginados e reconhecidos sob qualquer ângulo ou ponto de vista; é o que os psicólogos chamam de **rotação mental**, uma capacidade mental que é mais bem desenvolvida nas pessoas dotadas de habilidades espaciais. Esta capacidade é fundamental para arquitetos e desenhistas industriais (*designers*) entre outros profissionais.

O segundo motivo é uma afirmativa do filósofo e estudioso da Teoria Geral dos Sistemas, Ludwig von Bertalanfy. Para ele, todo assunto novo deve ser estudado inicialmente a partir de exemplos concretos e, somente depois, analisado como abstração.

O terceiro motivo vem da convivência com estudantes. Seguidas observações nossas apontam para o crescimento da motivação quando se utilizam assuntos da futura profissão. Por que não começar logo nas aulas iniciais do curso? Eu me lembro ainda da impaciência de ter de esperar quatro semestres do curso de Arquitetura, antes de ter contato com projetos profissionais. Foi cansativo!

Exercício 6

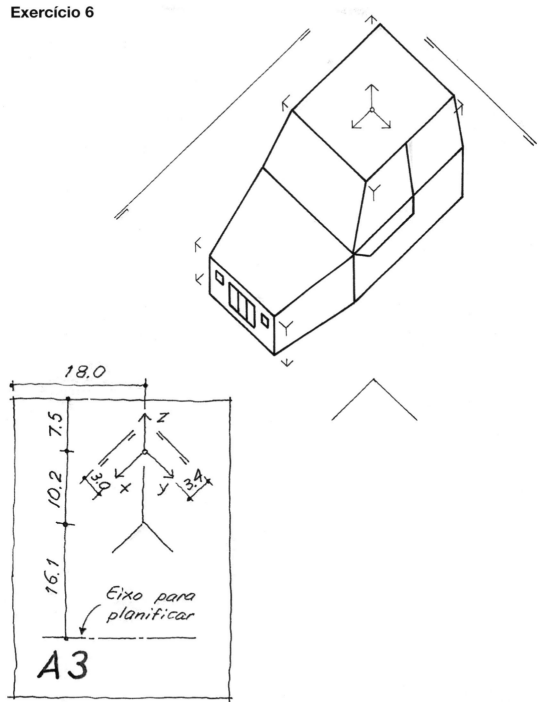

É hora de fazer uma revisão de tudo o que foi estudado anteriormente e aqui está um exercício adequado. Siga o diagrama e bons resultados!

36 Desenho de projetos

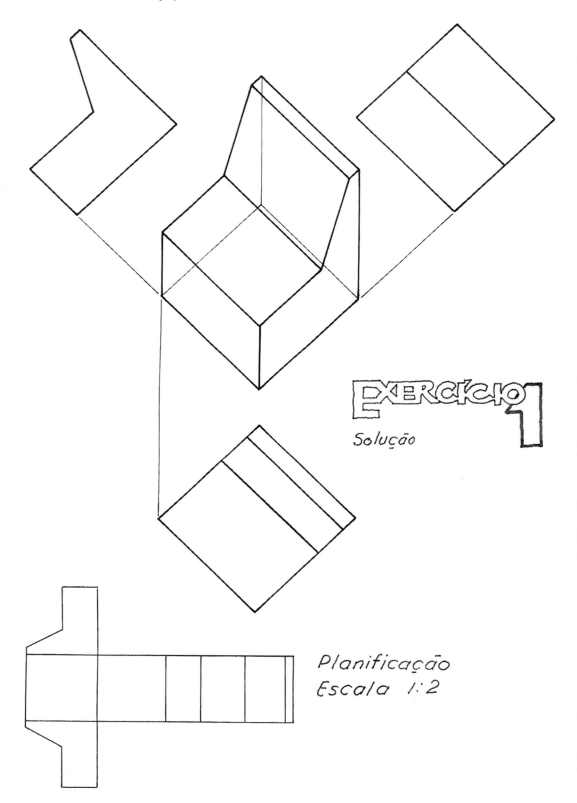

Solução

Planificação
Escala 1:2

Representação tridimensional 37

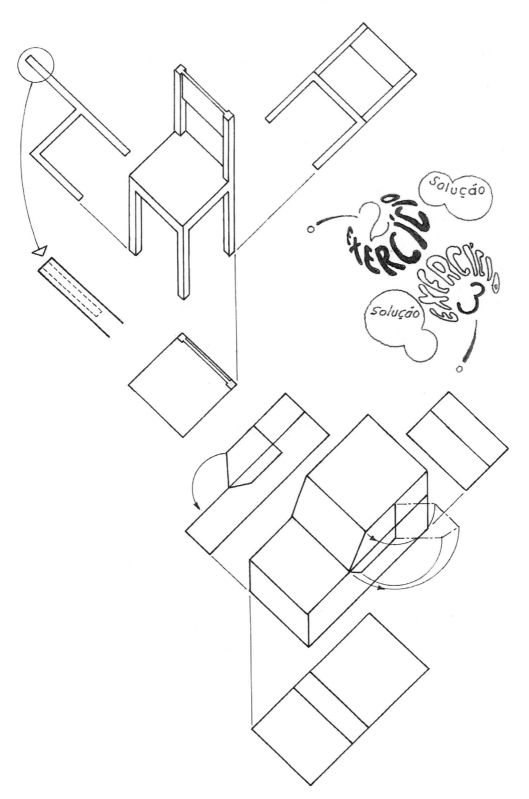

38   Desenho de projetos

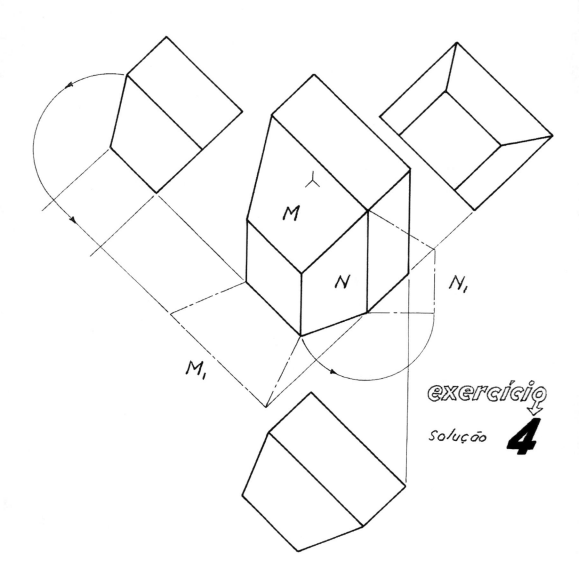

Representação tridimensional

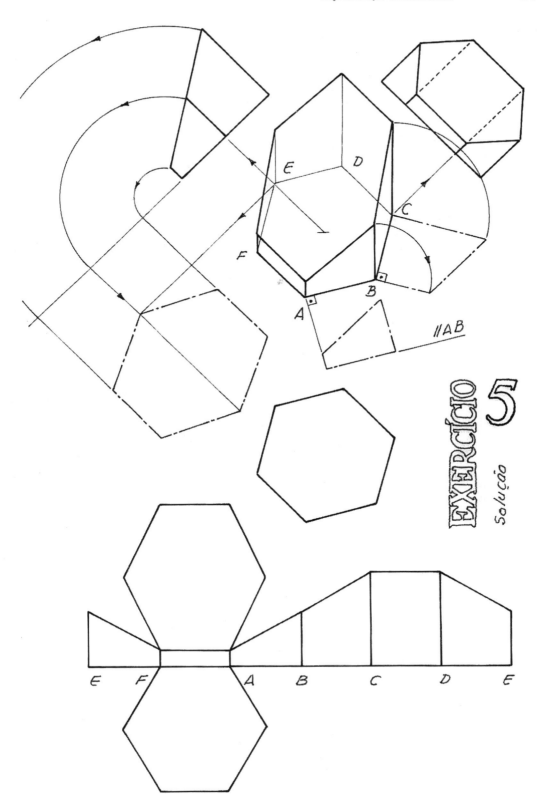

40 Desenho de projetos

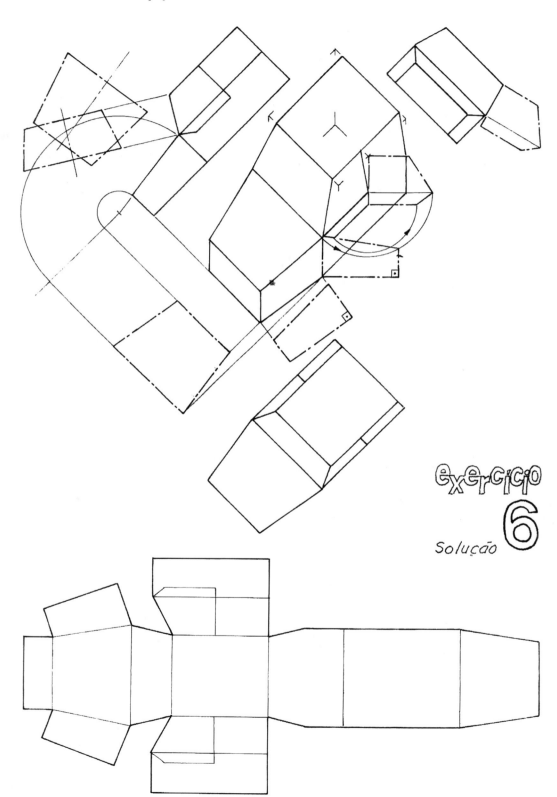

exercício 6
Solução

De um plano para outro:
Quando a figura é dada
no plano horizontal – a
circunferência ao lado,
por exemplo – ...

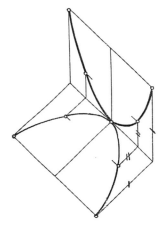

...leva-se o raio R
para o plano
vertical. Repete-se
para a medida m
e demais pontos.
Ligam-se os
pontos obtidos.

Esta construção aplica-se a qualquer figura (parábola, no exemplo ao lado) ou a pontos quaisquer. Com maior quantidade de pontos aumenta a exatidão do traçado.

Exercício proposto: Colocar os pneus no jipe da página 30, sendo $\phi = \frac{DC}{2}$.

O leitor que desenhou os exercícios propostos teve oportunidade de adquirir os fundamentos da Geometria Descritiva. Para continuar o estudo recomendamos:

Em nível médio:

Gildo A. Montenegro – Geometria Descritiva – São Paulo: Editora Edgard Blücher, 2004 (2ª. reimpressão).
Ardevan Machado – Geometria Descritiva – São Paulo: Editora McGrawHill, 1983.
Álvaro José Rodrigues – Geometria Descritiva (vols. 1 e 2) - Rio de Janeiro: Ao Livro Técnico, 1964 (esgotados).
Celso Wilmer – Geometria para Desenho Industrial - Rio de Janeiro: Editora Interciência, 1978. Apresenta problemas muito interessantes.

Para se aprofundar:

Angel Taibo Fernandez – Tratado de Geometria Descriptiva – Madrid: Editora Tebar Flores, 1983. Tem desenhos primorosos.
Fernando Izquierdo Asensi – Geometria Descriptiva Superior – Madrid, Editorial Dossat, 1975.

Sistemas de representação

Quando um objeto é colocado entre uma fonte de luz e um anteparo produz sombras. Na figura abaixo estão ilustrados dois casos; na primeira figura, aparece uma fonte central de luz e na segunda, uma fonte muito distante. No caso do sol, os raios de luz são quase paralelos. Ocorrem, nos dois casos, relações ou similaridades geométricas entre a fonte de luz, o objeto e a sombra.

Em termos teóricos, existem analogias entre o conceito de **sombra** e o de **projeção**:

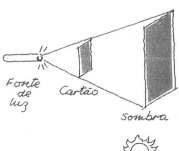

Fonte de luz e objeto ...... Sistema de projeção
Sombra .... Projeção
Raio de luz .... Projetante
Anteparo .... Plano de projeção

Temos, assim, dois tipos de projeção: a central e a paralela, que estão detalhadas na página seguinte.

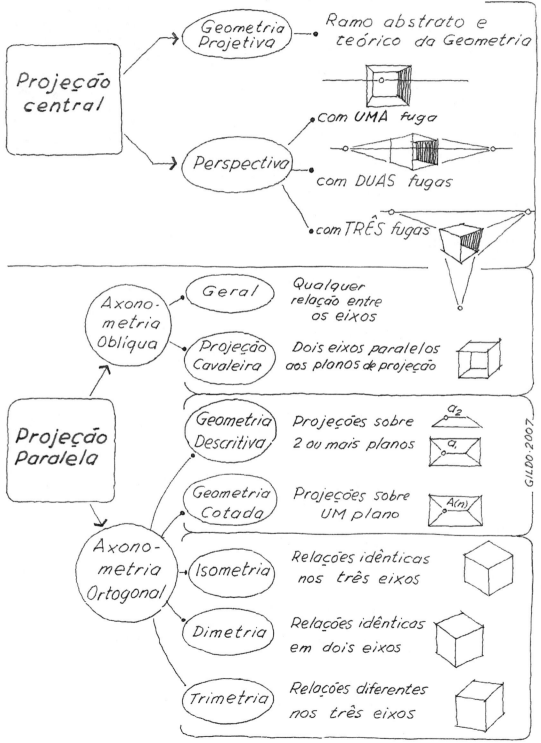

Exercício

Relacionar na figura abaixo as sombras com os objetos, considerando que:
1. as sombras podem estar sobre uma parede/plano vertical ou sobre o piso/plano horizontal;
2. os objetos podem estar em posição diferente da que aparecem na figura.

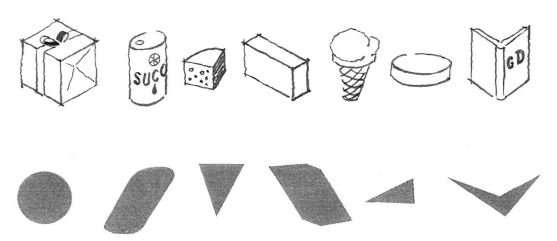

Nenhum sistema de representação consegue captar todas as nuances e detalhes de um projeto. Uma obra arquitetônica ultrapassa a representação tridimensional, pois envolve volumes, planos, cores, luz e sombra, som, emoção, cheiros, evocações, conforto ambiental, fatores psicológicos e estéticos, além de outros aspectos. É por este motivo que dizemos que há enorme diferença entre planta/representação e obra arquitetônica.

Uma vez que o projeto transcende sua representação gráfica, convém que esta apresentação seja a melhor possível, reunindo a base geométrica e a representação artística. Daí a necessidade de o projetista, seja de Desenho Industrial, seja de Arquitetura, ter bom domínio destes fundamentos.

Para que ocorra este domínio convém que o projetista saiba passar, sem esforço, de um sistema representacional para outro. Por exemplo, da representação das vistas ortogonais (plantas, fachadas e cortes) para a volumetria em projeção cavaleira ou isométrica, também, em perspectiva.

Um dos meios que a experiência do pó de giz me ensinou está nas páginas adiante.

46 Desenho de projetos

Trata-se de uma malha isométrica à esquerda e outra ortogonal à direita. Esta página deve ser ampliada para o formato A4, de modo que a distância entre pontos fique em torno de 8 milímetros. A partir daí, propomos um exercício de esboço à mão livre, como está indicado a seguir.

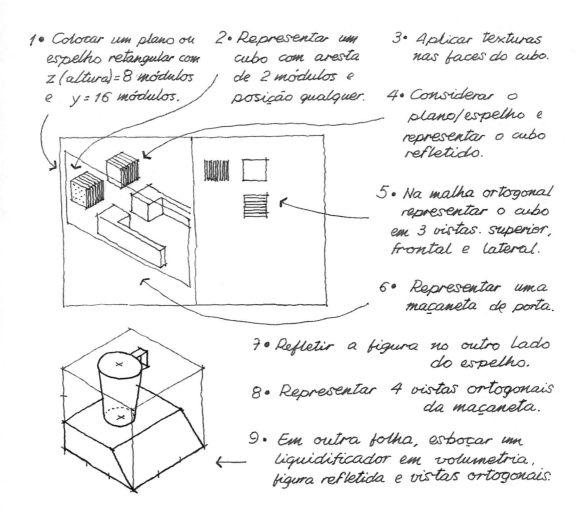

1. Colocar um plano ou espelho retangular com z (altura) = 8 módulos e y = 16 módulos.
2. Representar um cubo com aresta de 2 módulos e posição qualquer.
3. Aplicar texturas nas faces do cubo.
4. Considerar o plano/espelho e representar o cubo refletido.
5. Na malha ortogonal representar o cubo em 3 vistas: superior, frontal e lateral.
6. Representar uma maçaneta de porta.
7. Refletir a figura no outro lado do espelho.
8. Representar 4 vistas ortogonais da maçaneta.
9. Em outra folha, esboçar um liquidificador em volumetria, figura refletida e vistas ortogonais.

A idéia foi apresentada pela psicóloga MacFarlane Smith em seu livro "Spatial Ability" de 1964. A autora usou repetidamente a malha ortogonal em diversos testes de avaliação e me ocorreu alterar a proposta para fins de **desenvolvimento** da visualização espacial.

Além de utilizar, quase simultaneamente, **dois sistemas** de representação, o aluno é induzido a imaginar e a representar o mesmo objeto visto de outra posição, por meio de sua imagem refletida. Trata-se, pois, de exercício de rotação mental de figura, uma habilidade espacial que veio a ser amplamente estudada por Roger Shepard em sua obra de 1982, "Mental Images and Their Transformations".

Obtivemos excelentes resultados com a aplicação destas malhas em cursos ministrados na PUC de Porto Alegre em 2005 e no curso de Arquitetura da UFPE.

A chamada **perspectiva aérea** é termo consagrado entre os pintores figurativos para a representação **artística** caracterizada pela perda de nitidez do contorno e pelo esmaecimento das cores provocado pela distância.

Por outro lado, em Geometria deve-se evitar a designação de perspectiva cavaleira ou isométrica, pois estes sistemas de representação não têm fugas, como se viu no quadro geral. Assim, o mais indicado será falar de projeção cavaleira ou de projeção isométrica.

O estudo da perspectiva está fora do conteúdo desta obra, porém o leitor encontra o assunto em nosso livro "A Perspectiva dos Profissionais" (Editora Blucher) ou em tratados específicos nas boas bibliotecas; o livro citado abrange o estudo geométrico de sombras e de projeções paralelas. O professor Álvaro José Rodrigues publicou em 1948 um volume sobre "Perspectiva Paralela", onde estuda amplamente este tipo de projeção, porém é obra esgotada.

Outros sistemas de representação podem ser criados ou já existem, porém as aplicações profissionais estão limitadas aos tipos já citados.

O esboço projetual

O projeto é uma alucinação controlada.

A frase acima é adaptação livre a partir de uma idéia do pensador Jorge Wagensberg.

O título inicialmente pensado para este capítulo foi "O esboço arquitetônico". Mas há duas incorreções aí. Primeiro: as propostas e idéias lançadas valem tanto para o projeto de Design como para o de Arquitetura. Segundo: esse título poderia ser confundido com Desenho Arquitetônico.

Um projeto passa por etapas como:

1. O desejo do cliente ou do próprio arquiteto para fazer o projeto.
2. A coleta de dados: Para quê? Onde? Qual o programa ou lista de necessidades? O que se fez antes num caso semelhante (coleta de dados)?
3. As primeiras idéias afloram e são esboçadas: é o partido.
4. Refinamento dos esboços em busca de um projeto definido.
5. Escolha de um dos esboços para ser aperfeiçoado.
6. Primeiros traços do anteprojeto.
7. Correções e alterações no anteprojeto.
8. O projeto definitivo ou quase isso.
9. As especificações e os acabamentos.
10. A aprovação do projeto pelo cliente e, posteriormente, pela burocracia.

11. A construção ou execução. Que pode ser precedida de maquete ou de protótipo.
12. Exame do projeto construído a fim de verificar erros e acertos. Esta etapa é pouco praticada. Porém, se o projetista deseja crescer como profissional, é de grande importância. Esta análise ensina muito e, se exige autocrítica, em troca dá retorno futuro. O educador Paulo Freire aconselhava: "É pensando a prática de hoje ou de ontem que se pode melhorar a próxima prática."

A seqüência acima nem sempre ocorre, pois pode haver simultaneidade de etapas ou eliminação de algumas delas. Essas etapas podem ser abreviadas em dois atos:

- Planificação e
- Execução.

Assim, o **desenho** é a conclusão da primeira etapa e o início da segunda, daí a importância da **representação** do projeto.

O termo representação significa NOVA apresentação, reapresentação; a apresentação primeira acontece na mente do projetista: é a criação, concepção ou "bolação" do projeto. Depois é que vem o traçado, a re(a)presentação.

O desenho, portanto, torna presente uma coisa imaginada. E permite ensinar ou comunicar a outros nossas idéias sobre um objeto ou projeto. Comunicar a quem? A um cliente, a um examinador de concurso, a um professor, a quem vai construir. Ou comunicar, gravar para si próprio a evolução do processo criativo.

Os desenhos finais do projeto obedecem a códigos, normas e convenções capazes de ter interpretação **única** em qualquer região ou país. Disto trata um livro nosso — "Desenho Arquitetônico" — publicado pela Editora Blucher.

Voltemos ao croqui, esboço projetual ou projeto preliminar. No começo do projeto, as idéias são, em geral, difusas ou pouco precisas e os esboços refletem isto: traços são superpostos uns sobre os outros (Não se apagam! Lembre-se.), expressando **intenções** que podem entrar em choque, uma vez que são ainda **pouco claras.**

Portanto, o esboço é um apoio ao **processo de busca** e a sua ambigüidade, ou até confusão, dá margem a outras idéias. Que se tornam ponto de partida para novas formas e disposições. Estamos falando de esboços feitos a lápis sobre papel. Aceitamos a modernidade do computador. Porém, no momento atual talvez ele não acompanhe a velocidade e a flexibilidade da mente; ou não seja ainda tão simples e cômodo como o lápis e papel.

Talvez nossa posição seja ditada por uma longa experiência anterior, mas é inegável que o desenho à mão livre tem um valor simbólico e artístico que máquina alguma consegue alcançar, porque ela não tem e não sente emoção. Claro que para o materialista o que vale é a eficiência acima de tudo; mas a vida tem um significado maior: não se mede em horas ou anos. Aliás, nem se mede; desfruta-se, simplesmente. Claro que há quem desfrute do computador...

Mais à frente, é possível que o computador acompanhe a mão e a mente que criam em sincronia. Já foi dito que a mão é a parte visível do cérebro. Ou talvez eu esteja defasado e os novos projetistas estejam fazendo isto na tela, de modo pouco convencional!

Voltemos aos esboços... tradicionais. A flexibilidade e a multiplicidade de alternativas nos projetos ficam evidentes nos concursos de projetos. Um programa de necessidades, uma palavra, um conceito, podem disparar infinitas possibilidades criativas na mente do projetista.

Aqui está um exemplo eloqüente: Quantas alternativas o leitor é capaz de esboçar como interpretação desta figura? Como figura bidimensional há poucas alternativas, limitadas à junção de polígonos. Se, porém, a figura for considerada como uma vista superior, as alternativas se multiplicam. Temos catalogadas mais de 70 alternativas entre as nossas próprias e as de alunos. Se o leitor ficar restrito a 15 possibilidades ou menos, sua habilidade espacial e criativa poderá estar bloqueada.

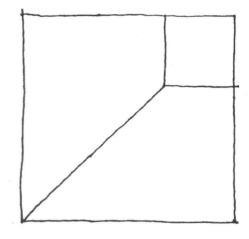

Para desbloquear esta capacidade, sugerimos dois livros nossos: "A Invenção do projeto" (publicado pela Editora Blucher de São Paulo) e " Habilidades Espaciais: Exercícios para o Despertar de Idéias" (publicado pela SCHDS de Porto Alegre). Para os que ficarem abaixo de 5 alternativas para o exercício aqui proposto, sugere-se que sequer saiam de casa, pois se arriscam a ficar perdidos na cidade.

O projeto desenhado supera a realidade, está acima e além dela. Isto porque podemos riscar no papel coisas que a tecnologia existente ainda não permite que se construa. Muitas das invenções de Da Vinci estavam nesta situação; a figura abaixo é um outro exemplo.

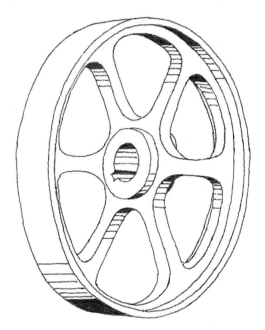

Da Vinci dizia que só se conhece aquilo que se desenha bem; quer dizer, aquilo que está bem representado. No Capítulo 2, o leitor teve oportunidade de fazer esta experiência. O fato é que conhecer bem um objeto permite que nos apropriemos dele, permite fazê-lo nosso, embora apenas no papel, simbolicamente. Este é o sentido mágico do desenho. É possível que esta posse, embora simbólica, tenha ocorrido ao homem pré-histórico quando pintou grutas e paredes com figuras de animais. Aqueles que ele queria caçar e apropriar-se.

Vale lembrar que psicólogos apontam para a existência de uma **relação muito estreita** entre habilidade manual e inteligência. Seria exagero meu restringir a habilidade manual ao desenho e relacionar inteligência com criatividade, mas alguma coisa fica no ar!

Em meu modo de ver, **o que o projetista** (arquiteto ou *designer*) **vende não é o projeto**. É a apresentação dele! É comum o cliente não ter noção da qualidade do projeto antes de vê-lo executado; então, a **apresentação** do projeto ganha pontos. E ganha mais quem apresenta melhor.

Por mais que o professor e o julgador de concursos digam que vêem o conteúdo e não a apresentação do projeto, é inegável que uma **apresentação** bem feita cativa o observador. Faça a pergunta a uma mulher e ouça a resposta! Ou imagine um bolo velho, gelado, sem odor ao lado de um outro mal saído do forno, bonito e cheiroso; qual você escolheria? "Por favor, não me fale agora de calorias e de colesterol..."

Arquitetos, como Frank Lloyd Wright e Corbusier, comentaram em suas autobiografias que o desenho de arquitetura não traduz o projeto como ele foi pensado. Basta considerarmos que a Arquitetura transcende a tridimensionalidade, que o projeto envolve jogo de volumes, texturas, luz, sombra, cores, sons e cheiros, então o desenho é insuficiente como representação. Daí a importância de representar, de esboçar bem.

Enquanto o desenho técnico é codificado e tem interpretação única, o desenho à mão livre tem traços fortes ou suaves, hiatos de traços que o observador completa em sua imaginação. O observador se faz cúmplice do desenhador. Mas não apenas isto, porque a ambigüidade do esboço o potencializa como ferramenta de criação, pois o esboço vago ou ambíguo dá margem a interpretações diversas, dando oportunidade para o exercício da criatividade na busca de alternativas.

O croqui de observação desenvolve a capacidade de síntese, pois que não sendo possível o detalhamento extenso, o desenhador seleciona o caráter essencial do objeto. E ele tem, ainda, de escolher o ponto de vista ou o melhor ângulo entre vários pontos possíveis.

Por ser seleção e síntese, o croqui acaba por sensibilizar a percepção, já que o desenhador contempla e risca: a visão e a motricidade da mão se exercem alternativamente durante a elaboração gráfica.

Passemos a ver exemplos acompanhados de comentários sobre dois grupos de figuras. O primeiro apresenta desenhos à mão livre, enquanto o segundo grupo, mais adiante, mostra a valorização do desenho técnico quando conjugado com arte.

Nesta primeira figura, foi utilizada a técnica do *crayon* sobre papel rugoso a fim de destacar o caráter livre do traço. A figura apresenta diferentes planos que são acentuados por meio de contraste entre eles. Vale a pena comparar este esboço com o 1º. Exercício do Capítulo 2.

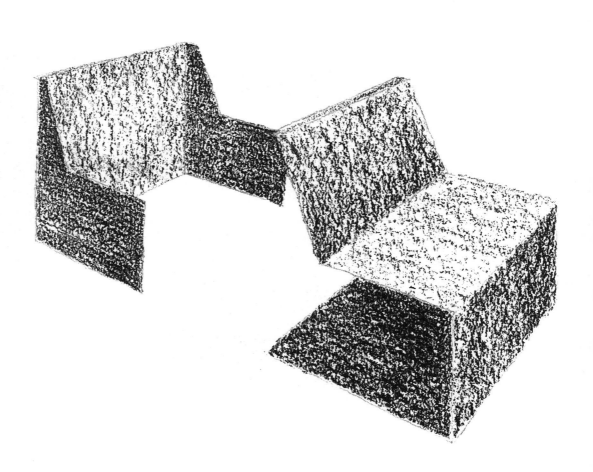

O esboço projetual

    Esboço rápido de dois pilares do interior do Templo da Sagrada Família, em Barcelona. Utilizou-se caneta esferográfica nas figuras principais, com a aplicação de hidrocor escuro no fundo, a fim de destacar as duas estruturas, que mais parecem ramos de árvores.

Nesta página estão ilustradas técnicas diferentes. O automóvel é um esboço rápido feito com utilização de lápis 4B sobre papel rugoso. A sombra do veículo evita que ele pareça flutuar, como foi o caso da poltrona da figura anterior. Na jarra ou leiteira de porcelana foi usada a aquarela sobre o mesmo papel. O contraste é dado pelo fundo escuro, acentuando o branco do material. Enquanto aquele lápis pode ser aplicado sobre papel liso, a aquarela não daria o mesmo efeito.

O esboço projetual 57

O esboço acima é do mesmo arquiteto que projetou a Torre de Einstein, em Potsdam, na Alemanha: Erich Mendelsohn. A aparência contemporânea do esboço esconde o fato de ele datar de 1914; vale salientar a liberdade, o traço rápido e solto do arquiteto. Esta é a única figura não produzida pelo autor neste livro.

O caráter simples da pracinha de cidade pequena reflete-se nesta figura econômica de traços e de detalhes. Não se utilizou sombra como realce de volumes. Nota-se a liberdade do traço quanto à excessiva geometrização, porém sem prejuízo da compreensão do conjunto. Esboço feito sobre papel vegetal com caneta n.º 2 de ponta de feltro.

O esboço projetual 59

Nesta figura, procurou-se realçar as linhas de construção das sombras e dos volumes com finalidade didática. O Autor utilizou lápis 4B sobre papel rugoso; notar a gradação de luz nos diferentes planos. Sugere-se ao leitor aplicar hidrocor amarelo nos planos voltados para a esquerda, a fim de obter melhor resultado plástico da figura.

As três perspectivas desta página e da seguinte mostram como o mesmo projeto pode ter realçada sua verticalidade (na figura 3) ou sua fachada principal (na vista 2) ou, ainda, destacar igualmente duas fachadas vizinhas (na vista 1). O esboço ao lado dá os pontos de vista utilizados em cada perspectiva, todos feitos com lápis 4B sobre papel rugoso.

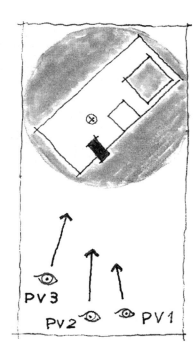

O esboço projetual 61

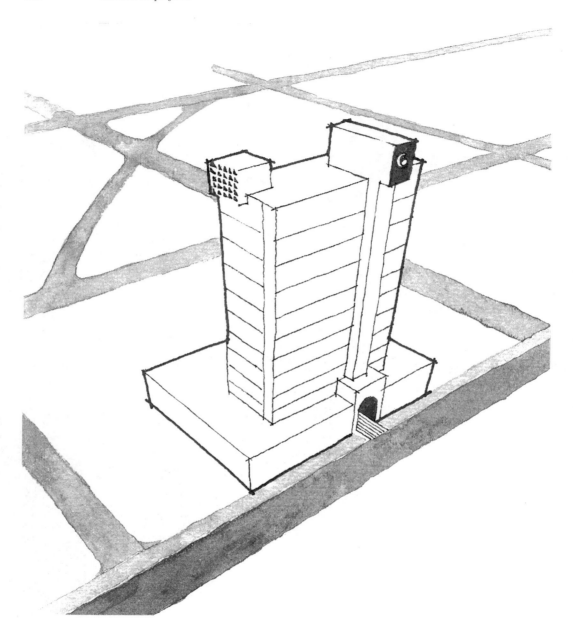

O objetivo desta ilustração é realçar a volumetria do projeto em relação às ruas do entorno, abstraindo eventuais construções vizinhas. Traçado misto com aquarela e nanquim sobre papel vegetal.

O esboço projetual 63

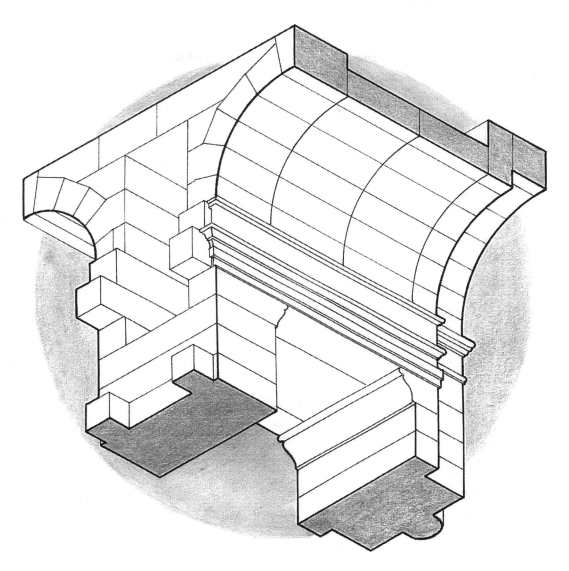

Os antigos romanos foram mestres em várias atividades, aí incluída a construção civil, com destaque para as abóbadas e os arcos; muitos deles ainda de pé após tantos séculos. A ilustração desta página foi adaptada da obra do arqueólogo francês Auguste Choisy e evidencia como um desenho técnico pode ser didático e ter apresentação artística. Traçado feito a instrumento sobre papel vegetal com caneta nº. 2 de ponta de feltro e sombreado com lápis 4B.

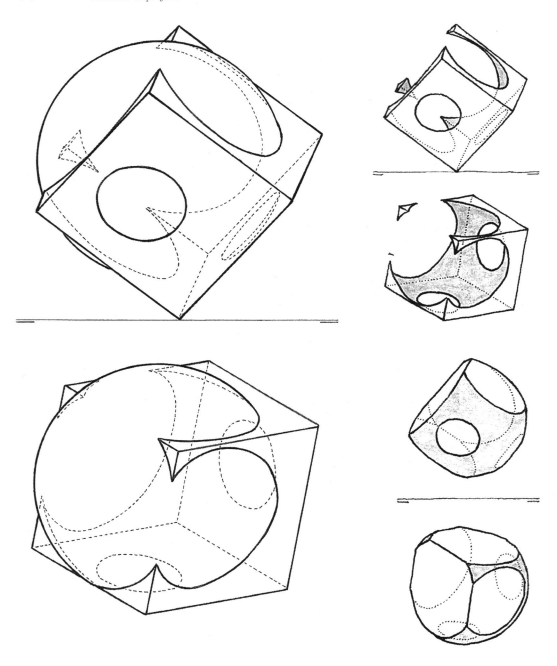

As épuras ou traçados de Geometria Descritiva são geralmente secos e sem vida. Aqui o Autor representa a interseção de um cubo e de uma esfera. À esquerda, estão as projeções vertical e horizontal do conjunto e, à direita, as mesmas projeções de cada sólido, isoladamente.

O esboço projetual

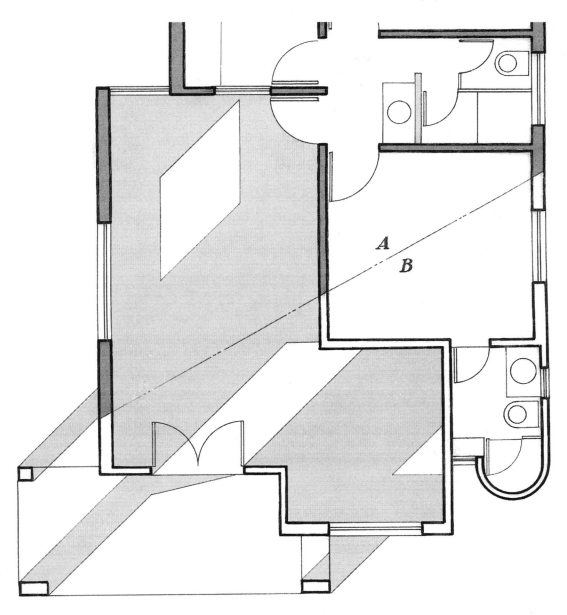

Uma linha em diagonal separa a planta em duas regiões: A – Planta com contorno de paredes em traço grosso tendo seu interior preenchido com tom médio e com sombras na parte esquerda. B – Planta com paredes de contorno grosso e espessura não preenchida; parte da planta apresenta sombras.

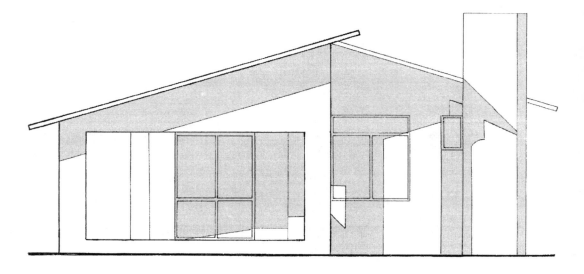

As três fachadas se referem à planta da figura anterior e mostram apresentações diferentes do mesmo projeto. Na figura maior, vê-se a fachada como ela é representada convencionalmente, porém acrescida de sombras. Que podem ser coloridas, valorizando o traçado e melhorando a compreensão.

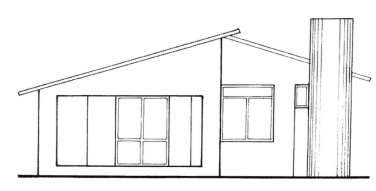

A figura central corresponde à fachada quando representada com traço de espessura uniforme, resultando em falta de contraste. Na parte inferior, está a representação convencional, a fim de permitir sua comparação com a primeira figura.

O esboço projetual 67

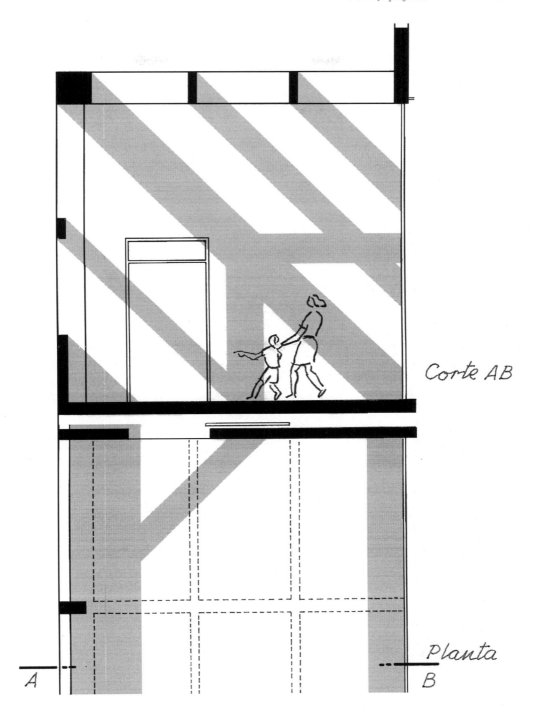

Corte AB

Planta

    Habitualmente, os cortes são representações meramente técnicas. Porém, nada há que impeça o tratamento artístico — que pode ser o diferencial do arquiteto —, valorizando o traçado e quebrando a monotonia.

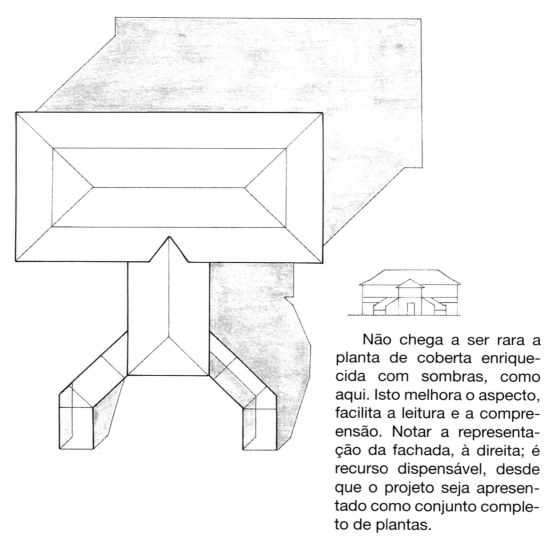

Não chega a ser rara a planta de coberta enriquecida com sombras, como aqui. Isto melhora o aspecto, facilita a leitura e a compreensão. Notar a representação da fachada, à direita; é recurso dispensável, desde que o projeto seja apresentado como conjunto completo de plantas.

Mesmo a representação técnica de um viaduto e canal, como na figura abaixo, merecem tratamento artístico que lhes tire a frieza e neutralidade. Nota-se a aplicação de textura, como se indicou no Capítulo1, a fim de criar contraste com as grandes dimensões da viga.

Geometria
bidimensional

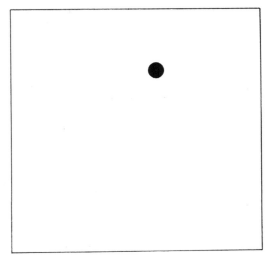

Ponto reta i plano
O ponto nem sempre é valorizado, mas ele é altamente expressivo. No quadro acima é o ponto que constitui o elemento de maior força; ele atrai a atenção.

Pontos formam letras...

...ou palavras.

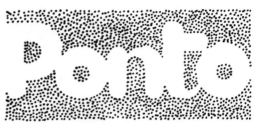

A aglomeração de pontos pode criar efeito de gradação.

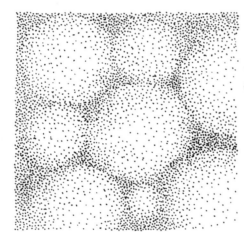

Ou de relevo:

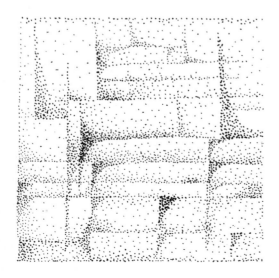
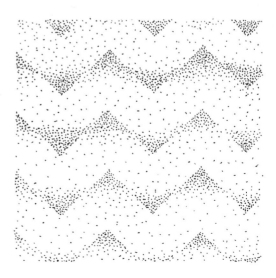

Geometria bidimensional 71

Pontos sugerem ou dão origem a figuras.

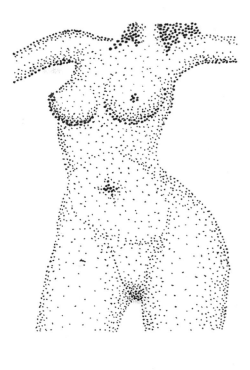

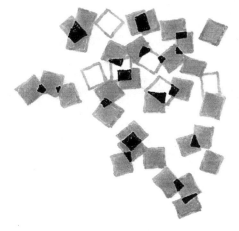

Pontos não têm de ser necessariamente redondos

Aqui uma sucessão de pontos gerou uma linha que poderia ter sido:

○ Reta   ○ Curva   ○ Geométrica ou Irregular

Uma linha pode ser formada ou sugerida por pontos:

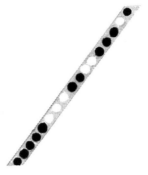

Uma linha mais extensa pode ser imaginada a partir de traços ou linhas menores.

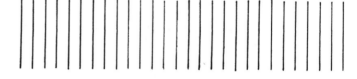

Linhas podem ser utilizadas para dar efeito de relevo:

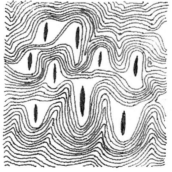
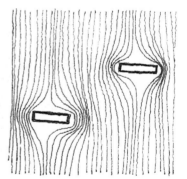

Outros efeitos de relevo criados por linhas:

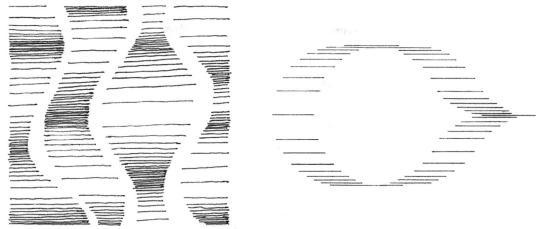

Linhas formam figuras:

Pedaços de linhas sugerem uma direção curva:

Duas linhas marcam um ponto:

Pontos criam ilusões: 1) O ponto está na metade da altura do triângulo? →
2) A distância entre os pares de pontos é a mesma? ↓

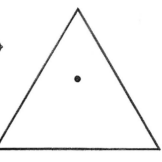

Linhas podem ser verticais, • horizontais, • oblíquas,

• espiraladas,

• com intervalo crescente,

Linhas com espessura variável

Texturas de linhas foram estudadas no Capítulo 1.

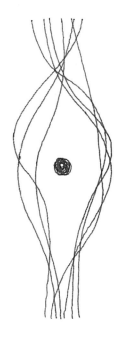

Linhas onduladas...

... ou entrelaçadas.

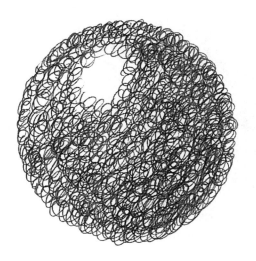

O PLANO

O ponto não tem dimensão (medida); a linha tem uma dimensão: o comprimento ou extensão. Figuras que têm duas dimensões são chamadas formas ou figuras **planas**.

Em Geometria, o plano é ilimitado; na vida cotidiana encontramos planos no tampo de uma mesa, na capa dura de um livro, no cartão de visitas. O plano pode ser torcido, perfurado, entrelaçado, sólido, rígido, flexível, opaco, translúcido, ou... ou...

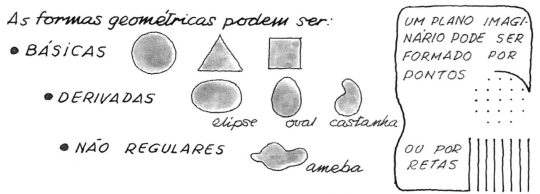

Há cursos e livros em que a disciplina de Desenho Geométrico é estudada apenas como traçado geométrico. Este assunto encontra-se desenvolvido em livros ora reeditados, ora encontrados em boas bibliotecas; os mais conhecidos são:

Teodoro Braga – Desenho Geométrico

Álvaro Penteado – Desenho Geométrico

Benjamin de Araújo Carvalho –Desenho Geométrico – Rio de Janeiro: Companhia Editora Nacional, 1961.

Félix O. Rivera – Desenho Geométrico – Porto Alegre: Editora FURG, 1986.

Alguns livros de Desenho Técnico costumam apresentar os traçados básicos; é o caso de Thomas French e Albert Bachman.

A partir destas noções básicas, o leitor pode passar ao ponto principal, que é COMO e ONDE vai aplicar sua criatividade: o estudo das transformações ou mudanças das formas. O assunto é inesgotável e o que se segue deve ser visto apenas como sugestão para que, a partir delas, o leitor use sua imaginação.

Geometria bidimensional 77

Com 2 quadrados

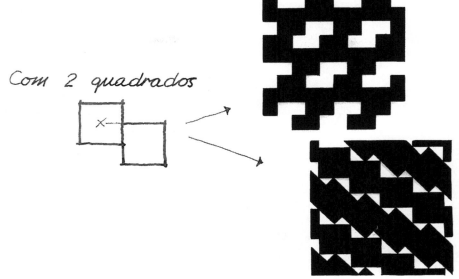

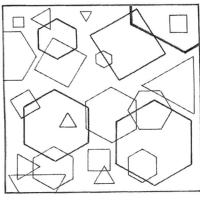

Painel formado por figuras geométricas

Círculo cortado em 6 pedaços...

Coroas circulares fatiadas e...

... reagrupadas

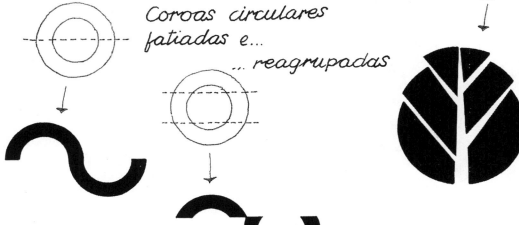

Com papel de dupla face e...  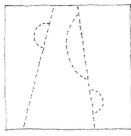 ...alguns cortes obtém-se

ou isto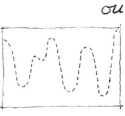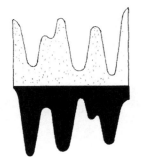

Dá para se ver um arco?

A forma gira...

...e deixa a imaginação FLORESCER....

Geometria bidimensional 79

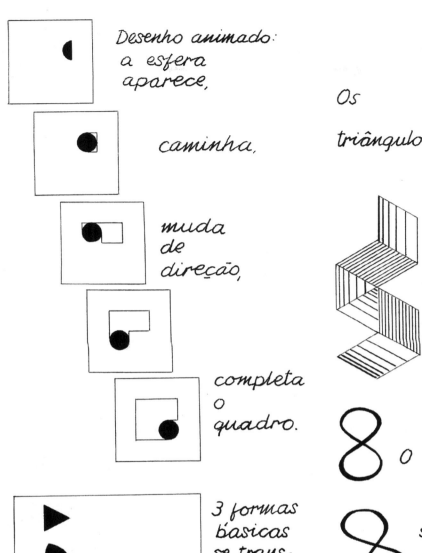

Desenho animado: a esfera aparece, caminha, muda de direção, completa o quadro.

3 formas básicas se transformam.

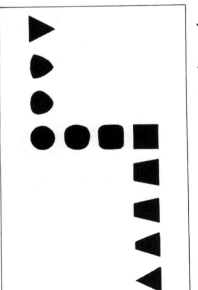

Os triângulos mudam de cor

O algarismo se inclina e se multiplica até o infinito...

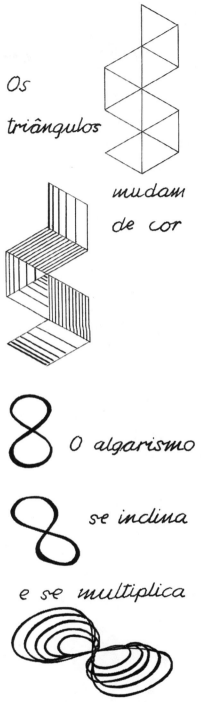

O zero e o infinito

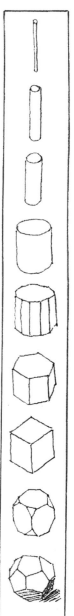

Da vareta à esfera

Outra maneira de construir uma escada

Olho grande, a gula ou há quem engula círculos.

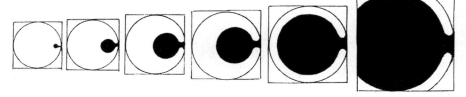

O MÓDULO

Conta-se a história do macaco que aprendeu a digitar no teclado. Um pesquisador tinha a esperança de que, datilografando ao acaso, o macaco pudesse escrever uma peça de teatro. Ele conjeturava que o alfabeto, tendo apenas 26 letras, ensejaria a possibilidade de surgir um texto coerente a longo prazo.

A conjetura é matematicamente falsa; na língua portuguesa há 150 mil palavras e as combinações são tão variadas que a possibilidade de o macaco escrever uma frase coerente é extremamente remota.

O que tem a ver esta história com o assunto? Duas coisas: 1. Que alguns descendentes do macaco evoluíram mentalmente, enquanto outros se tornaram políticos; peritos em puxar a brasa para sua sardinha. 2. Que o alfabeto é modular; portanto, toda a literatura universal também o é.

Números são também modulares; apenas 10 algarismos. A televisão é modular: pontos alinhados. As fotos do universo interestelar obtidas por naves espaciais são transmitidas por um computador modular e binário: dois módulos apenas, o zero e o um. Nosso cérebro é modular: um arranjo maravilhoso de 100 bilhões de neurônios.

A poeira, a lama, o universo inteiro é modular. Há infinitos módulos que variam em cor, tamanho, forma e disposição. O módulo é a matéria do projeto arquitetônico ou outro, matéria para ser trabalhada pela imaginação, pela criatividade, saindo do caminho bitolado e da tecnologia conhecida, procurando soluções novas, arranjos inovadores.

Mas, calma! Dizem os sábios que nem os deuses nem os homens moldam livremente a argila; apenas fazem os tijolos. Façamos tijolos, então; com ordem e diversidade porque na Arte **não há resposta única!**

No livro de Gildo Montenegro – A Invenção do Projeto – São Paulo: Editora Blucher, 2005 (5ª. reimpressão) há diversos exercícios para desenvolver a criatividade. Se o leitor quiser avançar mais, o livro *Habilidades Espaciais: Exercícios para o despertar de idéias,* do mesmo autor, publicado em Santa Maria, RS: Editora SCHDS, 2006, tem muito a oferecer.

Convencido estou de que há, pelo menos, duas coisas que não têm limites: a criatividade das pessoas e a falta de vergonha de muitos políticos. O leitor tem muito a perder no segundo caso e tudo a ganhar no primeiro.

A malha { organiza / divide } o plano em
- triângulos
- paralelogramos
- quadrados
- hexágonos

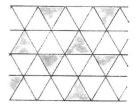

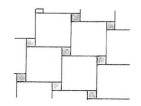

Alhambra - Arquitetura Árabe

Cássia Gusmão - Ex-aluna

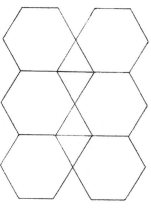
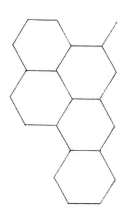

Malhas não prendem a imaginação; ao contrário, servem de apoio.

COMPOSIÇÃO ou ORGANIZAÇÃO

Composição se aplica a assuntos como literatura, música, artes plásticas; aqui ela se estende desde uma tela ou quadro até escultura, fotografia, cinema, publicidade, moda, programação visual, projeto de produto (objeto), projeto de arquitetura, de paisagismo, de urbanização.

É importante saber que a composição (há quem fale em "agenciamento" em Arquitetura, rótulo novo para um produto milenar...), seja qual for a área, é **INTUITIVA**, isto é, NÃO LÓGICA, não racional, num primeiro momento. Significa que a criação, a idéia, aparece no início de um processo mental que não pode ainda ser seqüenciado pela lógica, pelo pensamento racional, pela ciência ou pela tecnologia atual.

Um dos motivos é que a composição mexe com enorme quantidade de variáveis. Elas não podem ser enquadradas num modelo matemático pelo fato de se tratar de um processo CAÓTICO; exatamente como são o clima e a economia.

Convém não interpretar o que foi dito no sentido de que a composição ou organização seja louca e aleatória; ao contrário, ela deve ter disciplina, ordem, organização. Parece contraditório, não é mesmo?

Antes de chegar a esta organização, devo lembrar que uma composição pode ser enriquecida pelo uso de **CORES** e que a **APRESENTAÇÃO** influi bastante, em termos psicológicos, em sua aceitação. O profissional de Arquitetura, de Design ou outro pode substituir no texto acima as palavras "composição" por projeto e "aceitação" por venda, uma vez que ele vive de vender seu peixe.

Uma composição se faz não somente com formas, mas também com o VAZIO entre elas. Algumas leituras sobre o assunto são úteis, porém o treinamento/experiência, juntos com sentimento/emoção é que farão o leitor dosar a fantasia, a imaginação e a criatividade com o disciplinamento que deve existir numa composição.

As regras ou princípios que regulam uma composição podem ser resumidos a equilíbrio e harmonia, considerando aí incluídos: unidade, variedade, contraste, simetria, proporção e ritmo.

SIMETRIA

Nosso corpo é simétrico... por fora; por dentro, ele é bem menos. Vale observar que o próprio rosto, em fotografias, mostra que a simetria não chega a requintes: há geralmente um olho mais baixo, ou mais estreito, ou uma orelha menor.

Consideremos um ponto P e uma reta R. Se repetirmos o afastamento de P para R agora à direita de R, teremos um ponto P´ simétrico de P. E a reta R será o eixo de simetria. Sugere-se ao aluno procurar o eixo de simetria de:

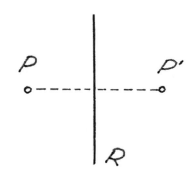

Triângulo isósceles   Paralelogramo
Triângulo eqüilátero   Pentágono
Triângulo retângulo   Círculo

Observe que uma figura poderá ter mais de um eixo de simetria.

Quando uma reta divide uma figura plana em 2 partes iguais, ela conterá o centro de gravidade da figura. No poliedro regular, o centro de gravidade estará sobre o plano de simetria.

Esta figura não tem eixo de simetria; ao fazê-la girar uma volta completa em torno do ponto C, a figura coincide com sua posição original. E o ponto C será o centro de simetria destas figuras ou posições.

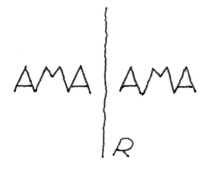

As palavras AMA são simétricas em relação à reta R. Mas cada palavra tem seu próprio eixo de simetria.

Diz-se que uma figura é congruente se sofreu uma transformação em que as medidas e as formas não se alteram. Trata-se de mudança de POSIÇÃO, apenas. Em geometria se diz que é uma transformação ISOMÉTRICA, de ISO, igual e METRON, medida.

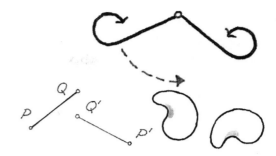

Outros exemplos de figuras congruentes, ou seja, de transformações isométricas.

Tipos de simetria	Dados	Exemplo
1. Transformação ou deslize	O ponto P, o comprimento K e o sentido D. Os pontos P e P´ são simétricos ou isométricos.	
2. Rotação	O centro de rotação C, o ângulo α e o sentido anti-horário.	
3. Reflexão	Eixo de reflexão R.	
4. Reflexão com Deslize	Eixo de reflexão R e distância k.	

Os 4 tipos de isometria, acima indicados, são os básicos. Eles podem ser combinados.

Simetria homeométrica ou estendida

Rotação translatória ou helicoidal

Extensão helicoidal

Extensão rotatória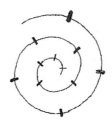

Há diversos tipos de simetria; um estudo bem desenvolvido — do ponto de vista matemático, biológico e artístico — é feito por Hermann Weyl em seu livro "Symmetry", escrito em 1951 e ainda hoje atual e interessante.

RITMO

É a repetição ou acentuação de um padrão. Ele cria contraste, quebra a rotina, gera movimento.

Geometria bidimensional 87

① O ponto •
           dois pontos 
             muitos pontos 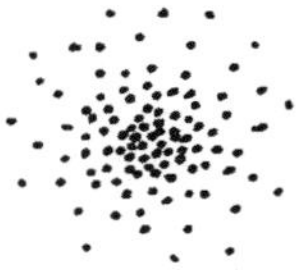
                infinidade de pontos

② O traço com variação...
    ... de espessura

    ... de direção

    ...de espaçamento

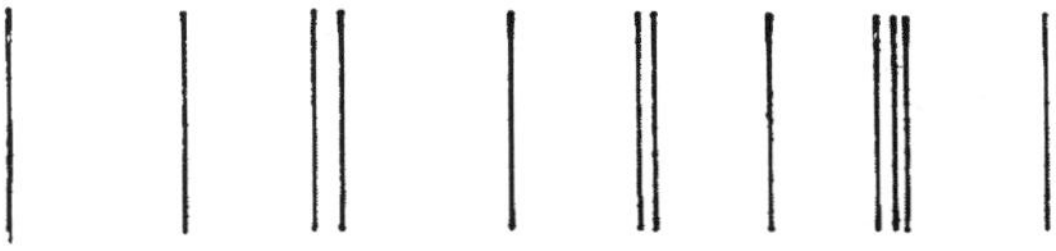

    ...de espaçamento
    e de espessura

    Ritmo uniforme

    A mesma forma;
    variam os intervalos

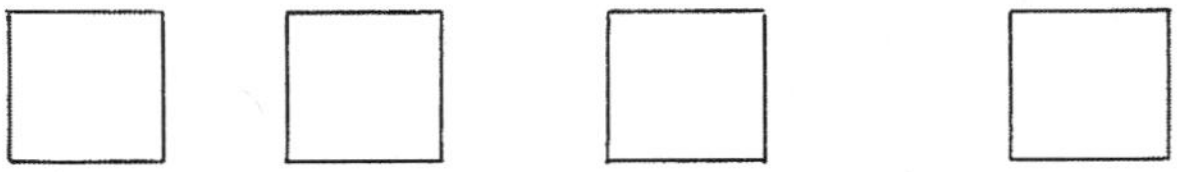

    Intervalos constantes
    A forma varia.

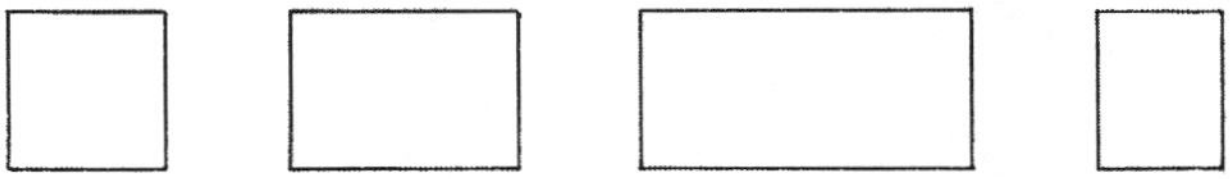

Exercícios propostos:

1. Quais letras minúsculas podem substituir outra (indicar uma)...
   ...sem alteração.
   ...com algum acréscimo.
   ...com retirada de uma parte.
2. Analisar as transformações existentes em uma logomarca (letra e/ou símbolo).
3. Procurar palavras que possuam um eixo horizontal.
4. Brincar com palavras que possam ser lidas de cabeça para baixo; há INFINITOS arranjos: basta usar a imaginação.

Para conhecer e PRATICAR mais:

1. Ivens Fontoura – De composição da forma – Curitiba: Editora Itaipu, 1982. Esgotado; extremamente adequado.

2. Tai Hsuan An – Desenho e Organização Bi e Tridimensional da Forma – Goiânia: Universidade Católica de Goiás, 1997. Direto ao que interessa; muito bem ilustrado. Altamente recomendável.

3. Donis A. Dondis – A Primer of Visual Literacy – Cambridge: MIT Press, 1998. Teórico e muito bem organizado.

4. Wucius Wong – Princípios da Forma e do Desenho – São Paulo: Martins Fontes: 2001. Extenso, com muitas ilustrações e bons comentários.

5. Luiz Antônio Vidal de Negreiros Gomes e Clarisse Gonçalves da Silva Machado – Design: Experimentos em Desenho – Porto Alegre: UniRitter, 2006. Breve e simples; útil ao professor e indispensável ao aluno.

Projeto:
a criação

Criar é fácil quando é o que você faz naturalmente, contudo muitas pessoas não o fazem, porque elas apenas reagem aos acontecimentos.

Sua opinião sobre você mesmo é irrelevante para a criação.

Assimilar informação demais pode afogá-lo.

Use o sucesso e o insucesso como acontecimentos que trazem conhecimentos novos.

Quanto mais você cria, mais será capaz de criar.

Evite o excesso. Nem planejar demais, nem ficar sem plano algum.

Prazos devem ser cumpridos, porém podem gerar tensões que consomem sua energia. Use-os para organizar suas ações.

O realizador tem um nível definido de capacidades, enquanto o aprendiz é capaz de ampliar suas capacidades, podendo inclusive superar o realizador.

Muitas pessoas passam anos em escolas e muito daquilo que aprendem não tem utilidade para elas. A maioria não teve experiência alguma com o processo criativo e não sabe que se trata de uma coisa nova para ser aprendida.

MUDAR POR MUDAR
pode não funcionar

Suponha que você conhece suas tendências e as aplica na condução de sua vida. Em algum momento, você acha que se mudar seus hábitos poderá ser mais criativo. Mas, a menos que haja um motivo, não vale a pena mudar.

Tentar viver por um ideal ou adaptar-se a padrões da família, de amigos ou colegas é mudança temporária, porque não está relacionada com um objetivo específico.

A mudança em si não é um objetivo; ela deve ser um subproduto de criar o que você quer. Não existe um jeito de ser que produza realizações, pois isto varia de pessoa a pessoa.

Cada indivíduo tem seu ritmo, disposição e jeito de aprender e de fazer que é pessoal. Isto pode, eventualmente, gerar dificuldade para criar em conjunto com outras pessoas.

COPIAR

O pintor Van Gogh só veio a ter seu talento reconhecido depois de morto. Se **antes** houvesse sido feita uma pesquisa, talvez ela mostrasse que cortar uma orelha ou viver em retiro ajudariam a pintar bem. Com certeza foram muitos os artistas que tentaram imitar o estilo de Van Gogh, porém não passaram de copiadores, sem originalidade e sem sucesso.

O que fica deste exemplo e de outros semelhantes é que a pessoa verdadeiramente criativa é honesta; sua criação é natural, pessoal. Tentar seguir um traço pessoal de outro apenas diminui quem você é.

Observe o que já foi feito, os projetos criados, como o autor/a chegou àquele resultado. Aí jogue fora e faça o **SEU** projeto. Nunca copie! Um dia alguém descobre e sua carreira está encerrada.

AVALIAR

Não se ocupe de avaliar qual trabalho seu é mais, ou menos, criativo. Isto pode mudar com o tempo. Faça como o vendedor de carro usado: cada carro é um caso. Que pode significar uma boa venda ou um desastre. Na dúvida, crie sem se importar se é um grande projeto ou uma obra pequena.

Esteja sempre aberto para ouvir outras pessoas, tanto de dentro como de fora de seu ramo.

A SOLUÇÃO

Nada se cria do nada. Veja, leia sobre todos os assuntos; a bagagem cultural faz a diferença nesta hora.

É possível amplificar pelo subconsciente uma coisa que você propôs através do consciente. Mas a resposta não é imediata; você precisará alimentar de dados (pesquisas) o consciente. Em algum momento imprevisto, a resposta virá. E não adianta procurar obsessivamente a solução, pois isto perturba o trabalho da intuição.

Se a idéia não pipocar, esqueça; limpe a mesa, saia da rotina, vá dormir, vá ver um filme ou exposição, vá ao bar, converse. Desligue o motor de busca; não fique brigando com você mesmo. Quando você estiver preparado, a idéia chega.

Um problema ou projeto raramente tem solução única. Desconfie sempre da primeira idéia; alguém já deve ter tido.

Faça esboços, muitos esboços, depois analise, selecione ou siga outro caminho.

Nunca fique 100% satisfeito. Pense no que você pode melhorar na próxima vez.

COMO SE PROJETA?

Ensinar a projetar é tão difícil como pegar fumaça. Na verdade, é fácil começar um projeto, planejar. Você organiza uma lista de necessidades ou programa que o projeto deve atender, seleciona algumas variáveis entre as mais de 5 mil disponíveis em Arquitetura (por exemplo: estrutura de ferro, volume vertical, formas redondas) e faz um organograma (seqüência das ligações/ relações entre as partes).

Há quem projete de dentro para fora, dos detalhes para o conjunto, enquanto outros começam com um volume global e vão esquadrinhando as partes, do geral para o específico. A matéria-prima do projeto pode parecer ininteligível, ampla, vaga, sem consistência. Você sabe que fez uma boa criação se, no final, tiver chegado a um projeto coerente e não ao arco-íris.

SER INOVADOR

1. Quem anda nos trilhos chega ao mesmo destino dos demais;
2. Desenvolva, aperfeiçoe sua inovação. Esqueça uma eventual contribuição à Arquitetura ou à cidade. Sua criatividade deve estar a serviço do projeto;
3. Domine a arte de projetar. Mas não seja dominado por ela; o objetivo é o projeto e não sua habilidade de fazê-lo.

Não existe parto cesariano em projeto. A criança, aliás, a criação não tem dia, hora nem local para nascer. Portanto, ande sempre com papel e caneta como o bandido anda com sua arma; a força dele está aí.

Bons projetos, em geral, não são fáceis. Eles exigem trabalho, pesquisa, aprendizagem, habilidade, ajustes. Administre seu trabalho e sua equipe, se for o caso, para que tudo se ajuste à finalidade.

CONHECER-SE

Procure conhecer seu ritmo natural de trabalho, pois cada indivíduo tem o seu próprio. Observe em que ritmo seu trabalho é mais efetivo. Há os que trabalham dias seguidos, de manhã à noite, enquanto outros preferem trabalhar durante algumas horas a cada dia. Organize seu tempo e dedique-se ao projeto, não ao seu brilho, ao seu marketing, ao seu ego ou à sua habilidade.

É comum um profissional passar uma temporada sem trabalho e, de repente, aparecerem dois ou três para serem entregues ontem. Aprenda a se envolver com um deles durante algumas horas e, a seguir, trabalhar em outro bem diferente.

A EQUIPE

Aceite e aprenda a trabalhar em equipe. Ela faz parte da vida e dá possibilidade de obter bons resultados, porque numa boa equipe todos se estimulam e as atuações de uns são compensadas ou reforçadas pelas de outros. Claro que nem todas as pessoas se adaptam ao padrão da equipe; nem sempre se trata de conflitos de personalidades, pois, em muitos casos, a pessoa não sabe **como atuar em grupo,** uma vez que ela não foi ensinada.

Numa equipe cabem vários tipos de atuação:
- O caçador: a onça que traz o projeto.
- O colaborador: o que se junta para ajudar no projeto. Nada tem a ver com chefia ou hierarquia; prefiro falar de coordenação em lugar de chefia.
- O animador: o que fala alto, o que valoriza o trabalho, o que conta piadas que reduzem o estresse. Eles são incompreendidos por aqueles que ignoram o processo criativo. Considere o ateliê de Miguel Ângelo ou Leonardo da Vinci; havia o caçador, que era também colaborador, o mestre que pintava ou esculpia junto com outros bons artistas colaboradores, o animador e os aprendizes candidatos a mestres.
- O técnico: o publicitário que divulga a equipe, o engenheiro que dá informação especializada, o analista de sistemas, o digitador (antigo desenhista), o fotógrafo, etc.
- O apoiador: a recepcionista, a telefonista, a secretária, o pessoal da copa e da limpeza, o *office boy*.

É essencial que todas as pessoas da equipe tenham idéia do objetivo final, tenham interesse no projeto e estejam focadas no resultado. A habilidade de trabalhar em grupo depende de cada pessoa, não de um chefe. Um time vencedor é o que se importa com o resultado, sem culpas e sem vaidades.

VENCER CONCURSOS

Uma boa experiência é (ou foi) a de arquitetos do Paraná. Eles venciam muitos concursos para projetos no Brasil inteiro. Como atuavam? Aberto um concurso, os arquitetos se reuniam na sede do IAB (Instituto de Arquitetos do Brasil); os interessados formavam um grupo e sorteavam um deles, a fim de ir fazer as inscrições e trazer as informações. Os custos eram rateados pelo grupo. Cada arquiteto passava a trabalhar em seu escritório e estabelecia-se data para uma discussão coletiva. Então cada esboço era apresentado e o restante do grupo, bem conhecedor das exigências do projeto, fazia comentários. Eram observações objetivas e oportunas, pois vindas de conhecedores que estavam "vivendo" o projeto; cada escritório fazia as adequações que julgasse válidas. Resultado final: os arquitetos do Paraná ficaram conhecidos no resto do país como papa-concursos.

HABILIDADES
a desenvolver numa equipe

- A linguagem visual é o meio de expressão do projeto. O projetista deve aprender a formar imagens mentais enquanto o outro fala. Experimente este exercício: peça a uma pessoa que descreva detalhadamente um ambiente, uma praça ou parque, faça esboços rápidos a partir daí; depois vá ao local conferir. Isso significa transformar palavras em imagens. O pensamento visual é uma fantástica ferramenta de criação.

- Pés no chão. Distinguir a realidade é uma importante habilidade porque vivemos num mundo onde existe a força da gravidade. A realidade muda com o tempo e você deve pensar nos resultados que deseja obter.

- Disciplina mental. Você deve aprender a focalizar e manter seu pensamento em um assunto ou dois, sem se dispersar. É uma habilidade útil em projetos de maturação longa.

DESAFIOS

Os esportes são um desafio que nunca acaba, pois o atleta procura a cada dia melhorar seu desempenho. Há sempre coisas novas para aprender: um programa de computador, uma habilidade manual, um livro para ler, uma receita para experimentar. Não basta olhar, tomar conhecimento; é preciso se aprofundar, praticar, aperfeiçoar, aperfeiçoar-se continuadamente.

Construir uma carreira profissional, um relacionamento, um negócio, um projeto complicado, a própria vida, exigem pensar em termos de longo prazo. Ver a sua vida de uma perspectiva ampla e afastada permite-lhe organizar ações e direções, definir suas metas para o ano vindouro e para a década. Não é fácil, mas a menos que você dê o primeiro passo não avançará um só milímetro.

Um bom ambiente, no projeto ou no escritório, não é aquele em que você pode viver nele e, sim, aquele em que você **quer** viver nele. Trate bem seu cliente, ouça-o, entenda seu mundo; do contrário, você jamais fará um projeto onde ele queira viver.

Cada projeto é um mundo e o projeto de hoje pode contradizer o de ontem, sem haver nada em comum entre eles. Nunca procure descobrir qual é melhor ou pior. Você seria capaz de decidir qual língua — inglês, francês ou português — é a melhor?

Não se pode comparar mesas com cadeiras; por que, então, comparar projetos que são diferentes? A Bíblia contém ensinamentos sábios e um deles fala que "na casa do Pai há muitas moradas". Significa que em nosso universo há muitos mundos.

CONHECER-SE

Sócrates recomendava: "Conhece-te a ti mesmo." Na outra ponta, "Quem sou eu?" pergunta o filósofo. E eu pergunto: quem quer saber? No Oriente, cada um é Deus; no Ocidente, cada um é um pecador. Pode ser uma boa idéia conhecer o que você faz, como faz, o que você quer criar, o que você gosta ou não, conhecer seus ritmos, seus amores, opiniões, história, sua realidade atual. Mas isto nada diz sobre **quem** é você. Se você observa a si mesmo, quem é o observador? Quem está sendo observado? O autoconhecimento não é pré-requisito para criar, embora possa ser importante.

ETAPAS NA CRIAÇÃO

O processo criativo é formado por etapas, porém a seqüência nem sempre se repete. Portanto, esta forma não é uma fórmula e, se você segui-la, estará trabalhando contra você mesmo. Você pode pensar nos passos do processo, porém somente **depois** de chegar ao resultado. O resultado vem primeiro, o exame do processo será posterior.

Não especule com aquilo que você não conhece ou não tem; faça observações. O desconhecido não se torna conhecido a partir da especulação e isso pode levá-lo a distorcer a realidade.

Em lugar de realizar suas idéias, suas aspirações, seu altruísmo, o grande amor da vida, as pessoas abafam seus desejos dentro de si mesmas. Outras vão estudar soluções de problemas, tentam enganar a si mesmas ao psicologizar e especular, ou se prendem a chavões, procuram encontrar significado na vida ou a maneira correta de viver. Elas consomem suas vidas em conflitos e não sabem o que querem; buscam alívio apenas.

A CRIAÇÃO

Criar pode ser uma das mais profundas e mais características habilidades do homem. Dar à luz uma idéia, começar um processo que leva esta idéia a ser realidade, ver a criação pronta é um grande presente da vida.

Criar abre janelas para universos que não existiam. A vida de quem cria nunca é uma rotina. Há sempre algo novo para aprender, para criar, para amar. Há novos envolvimentos, novos desafios, novas aberturas. É aí onde brilha mais forte o espírito humano.

LEITURAS

Para conhecer mais sobre o assunto:

A Invenção do Projeto. Gildo A. Montenegro. São Paulo: Editora Blucher, 2006 (5.ª ed.). O livro descreve o funcionamento do cérebro humano, ou como se supõe que ele funciona, e está repleto de exercícios gráficos.

Criatividade: Projeto, Desenho, Produto. Luiz Vidal de Negreiros Gomes. Santa Maria, RS: 2000. A obra descreve e exemplifica as etapas do processo criativo.

Le Cri d´Archimède. Arthur Koestler. Paris: Calman-Lévy, 1965. Uma obra clássica, bem documentada e de agradável leitura. Existe edição em inglês com o titulo The Act of Creation.

Estrutura e organização da forma

1ª. parte: Estruturas espaciais

A busca por um sistema construtivo menos pesado acarretou o aparecimento de construções laminares (lajes finas) e de **treliças** espaciais. Os termos que aparecem em negrito serão definidos logo adiante.

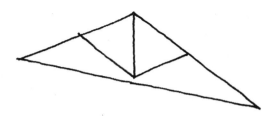

A tesoura de telhado é uma treliça plana (coplanar).

Treliça é uma estrutura formada por triângulos articulados.

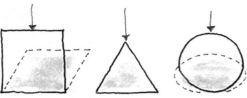

A finalidade da treliça é levar a carga do telhado para o apoio (pilar, coluna ou parede). Esta carga ou esforço deve ser, de preferência, vertical, de modo a evitar **flambagem** do apoio.

Flambagem: deformação lateral provocada por compressão axial (no eixo).

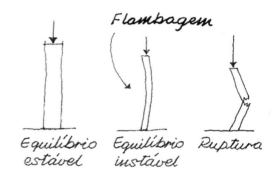

Nas construções antigas, as paredes eram grossas a fim de absorver os **empuxos** (ver figura) da coberta, pois a estrutura do telhado não era uma estrutura ou treliça em equilíbrio.

A **viga** treliçada poupa material, porém deve ser calculada tecnicamente; em grandes vãos, ela pode provocar empuxos apreciáveis.

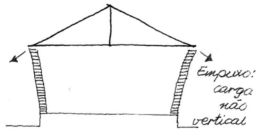

Viga: elemento estrutural, em geral de posição horizontal, que trabalha por flexão e transmite esforços aos apoios. No caso de portas e janelas, chama-se de VERGA.

A viga treliçada é uma estrutura espacial, portanto, não plana. Da viga treliçada para a coberta ou estrutura espacial é um passo:

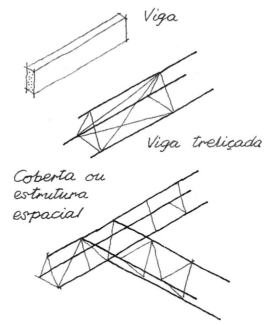

Um excelente exercício para a percepção dos esforços nas estruturas é fazê-las como maquete, em escala reduzida, utilizando macarrão. Com o macarrão fino, de cerca de 1,5 milímetro de diâmetro, podem ser montadas varetas reunindo 3 ou mais macarrões por meio de cola branca, sendo as articulações feitas com cola do tipo durepóxi. Considera-se a carga capaz de iniciar a flambagem, ou seja, a carga suportada C dividida por P, peso da estrutura de macarrão.*

Outro exercício proposto é fazer uma estrutura em balanço; aqui vale o maior balanço. A extremidade livre não poderá ser um ponto (apenas um macarrão) e o contrabalanço ou contrapeso NÃO poderá ser elemento estranho à própria estrutura.

Fizemos isso em sala de aula limitando a quantidade de varetas ou macarrões e havendo uma medida definida de fita adesiva; por exemplo: um metro para cada equipe. A fita adesiva seria o único elemento de ligação permitido.

O ponto forte destes exercícios é a percepção visual e física das tensões nas estruturas e seu funcionamento elástico. A montagem vai exigir habilidade manual, por conta da fragilidade do material. É trabalho indicado para ser feito por equipe de três pessoas.

*Proposta pelo professor Marcos Antônio Barros Santos, engenheiro, que vi em exposição de alunos do curso de Arquitetura da FACISA de Campina Grande, PB.

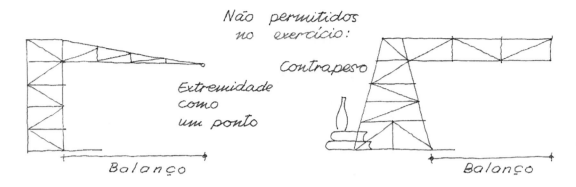

O aluno poderá reproduzir estrutura existente em sua cidade ou realizar pesquisa em livros, na Internet ou em ambos. Comumente os alunos se envolvem neste trabalho, porque deixam de ser ouvintes passivos e pelo fato de a situação imitar bem a realidade profissional.

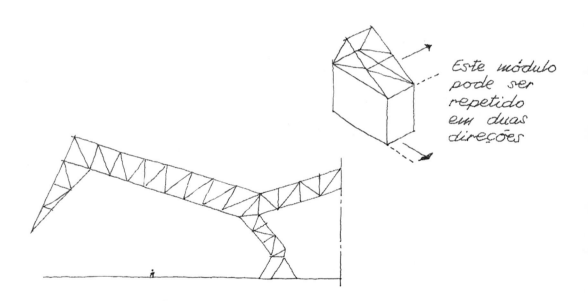

O aperfeiçoamento do cálculo estrutural levou à formulação de alternativas que não se restringem aos planos paralelos.

Reticulado vem de "*rete*" - rede ou malha, que é formada por triângulos ou polígonos articulados. Significa dizer que "reticulado" nada tem a ver com retas.

Os tipos mais comuns aparecem nas páginas a seguir.

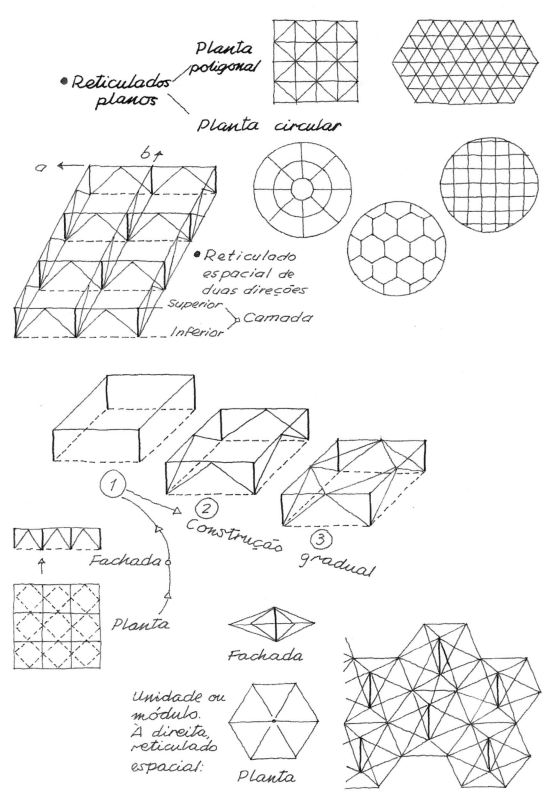

Abóbada: estrutura curva ou plana que cobre um ambiente; ela pode servir de apoio para um pavimento (piso), ponte, escada, etc.

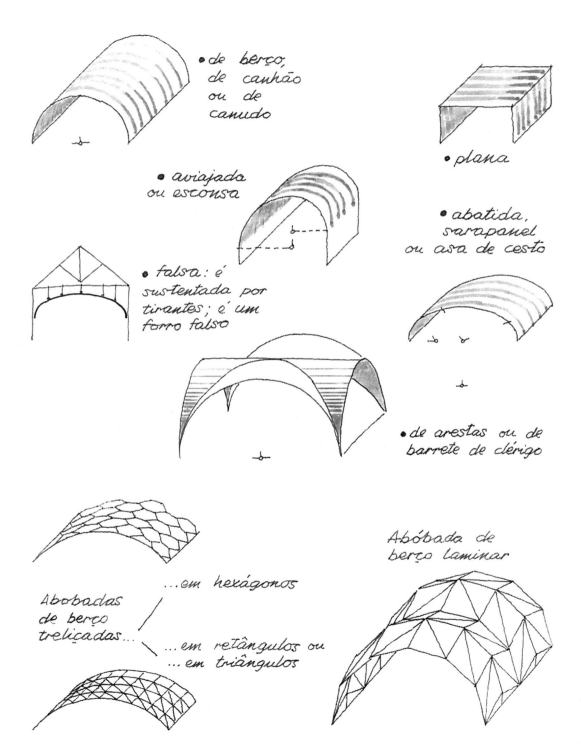

Estrutura e organização da forma   103

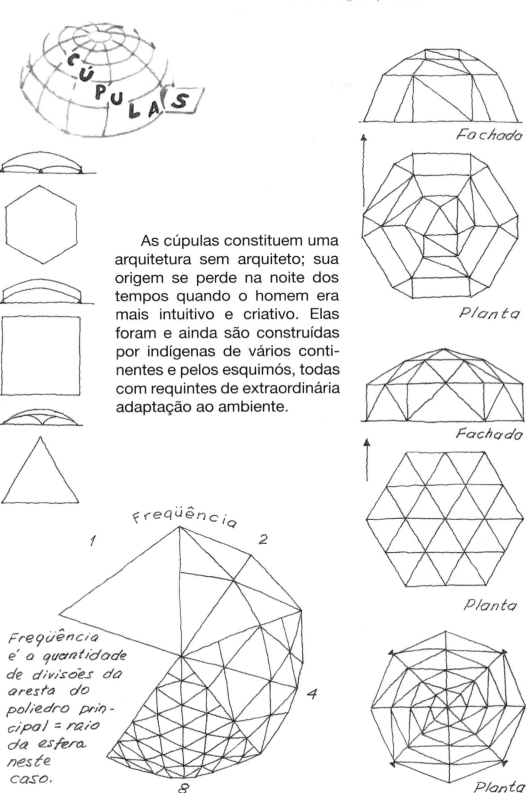

As cúpulas constituem uma arquitetura sem arquiteto; sua origem se perde na noite dos tempos quando o homem era mais intuitivo e criativo. Elas foram e ainda são construídas por indígenas de vários continentes e pelos esquimós, todas com requintes de extraordinária adaptação ao ambiente.

Freqüência é a quantidade de divisões da aresta do poliedro principal = raio da esfera neste caso.

Abóbadas laminares

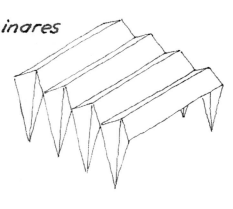

Faça modelos de papel vegetal e pinte-os.

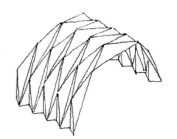
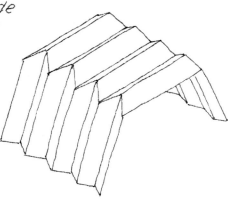

Cobertas circulares

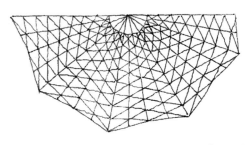

½ Planta

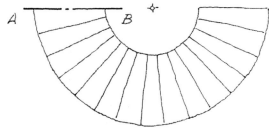

½ Planta

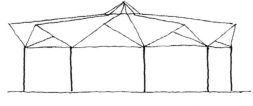

Fachada

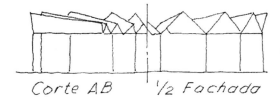

Corte AB   ½ Fachada

Estrutura e organização da forma

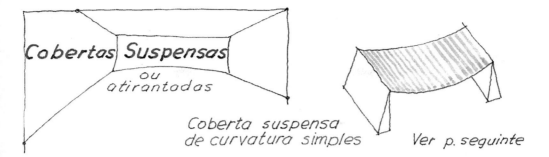

Coberta suspensa de curvatura simples

Ver p. seguinte

Coberta de dupla curvatura

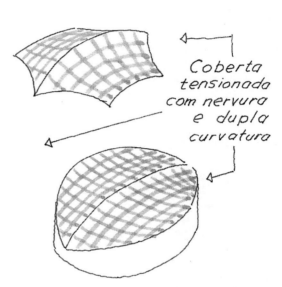

Coberta tensionada com nervura e dupla curvatura

Junte imaginação e técnica para criar soluções simples e bonitas.

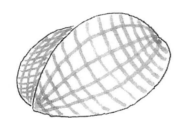

Coberta suspensa de 3 direções

Coberta laminar tensionada

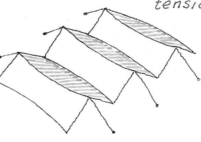

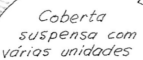

Coberta suspensa com várias unidades

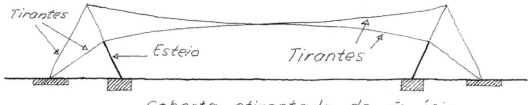

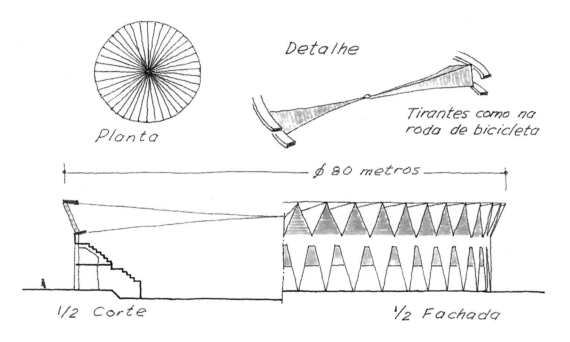

A beleza e a leveza das cascas (lajes de reduzida espessura) de concreto armado atraíram os arquitetos para o uso deste material. O concreto juntava, ao mesmo tempo, a flexibilidade das formas e a facilidade de ser levado à obra. Porém, logo se viu que os escoramentos, os andaimes e o tempo de cura (endurecimento) encareciam a obra.

O concreto vem sendo substituído, em muitos casos, por estruturas metálicas de dupla curvatura (**a** e **b**), tanto laminares como plissadas ou dobradas – ver figuras anteriores.

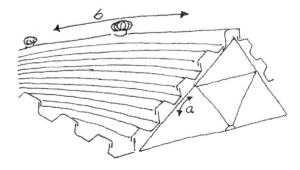

2ª parte: Composição ou organização tridimensional

Esta composição pode ser feita a partir de

a. transformação de volumes
b. corte e montagem de volumes
c. simetria e suas variantes (ver Capítulo 5)
d. linhas retas ou curvas

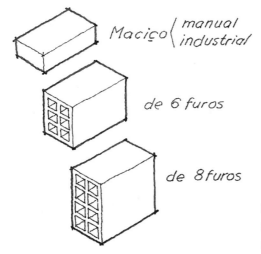

Vamos estudar um caso real. Paredes são geralmente feitas de tijolos e há diferentes tipos de tijolos, basicamente os ilustrados acima.

O processo construtivo tem uma tradição muito forte, portanto pouco sujeita à mudança. O material permanece o mesmo há milênios: argila ou barro, apesar de existirem alternativas como gesso, cimento, pedra, solo-cimento. Não se pensou seriamente em fazer tijolos a partir dos rejeitos da construção ou de sucata em geral. Então, vejamos mudança de forma:

Observe na página anterior que a compatibilidade de medidas dá flexibilidade para a composição ou montagem de sólidos, pois possibilita a expansão em direções não-planares. Aqui uma forma plana, por repetição, dá origem a um volume:

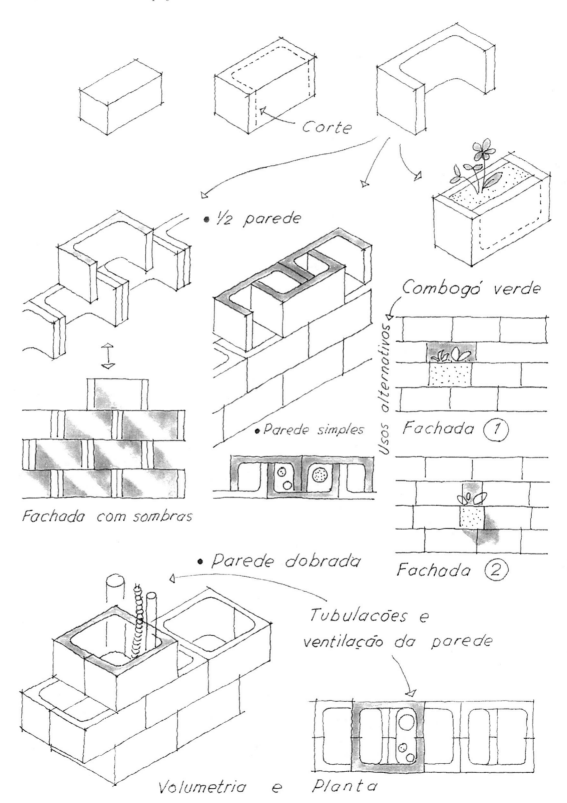

Estrutura e organização da forma 109

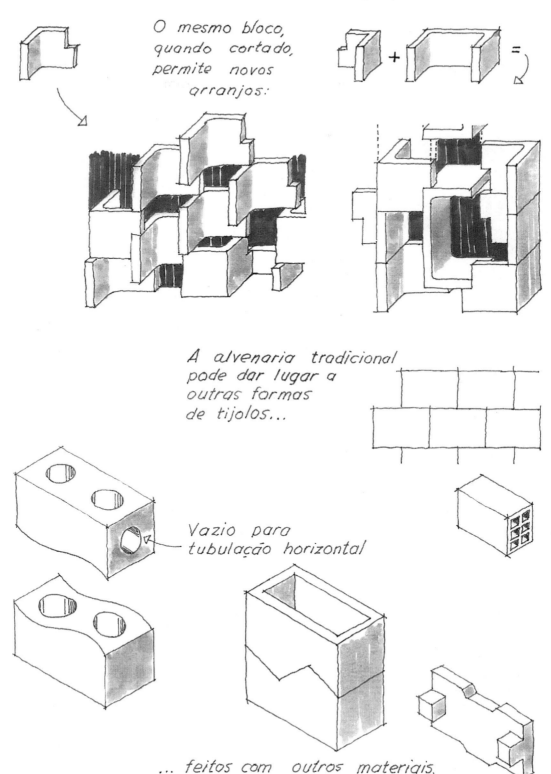

O mesmo bloco, quando cortado, permite novos arranjos:

A alvenaria tradicional pode dar lugar a outras formas de tijolos...

Vazio para tubulação horizontal

... feitos com outros materiais.

Ao cortar peças para serem agrupadas, temos de considerar a **compatibilidade** de medidas. Exemplos:

Compatíveis | Não compatíveis:

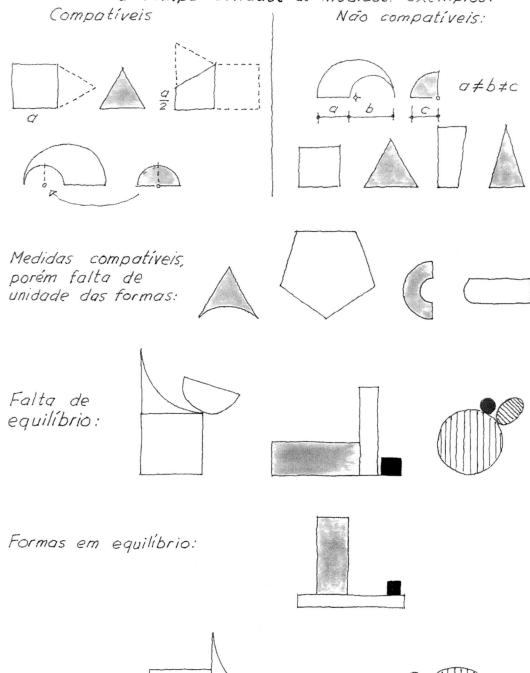

Medidas compatíveis, porém falta de unidade das formas:

Falta de equilíbrio:

Formas em equilíbrio:

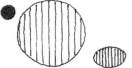

Estrutura e organização da forma 111

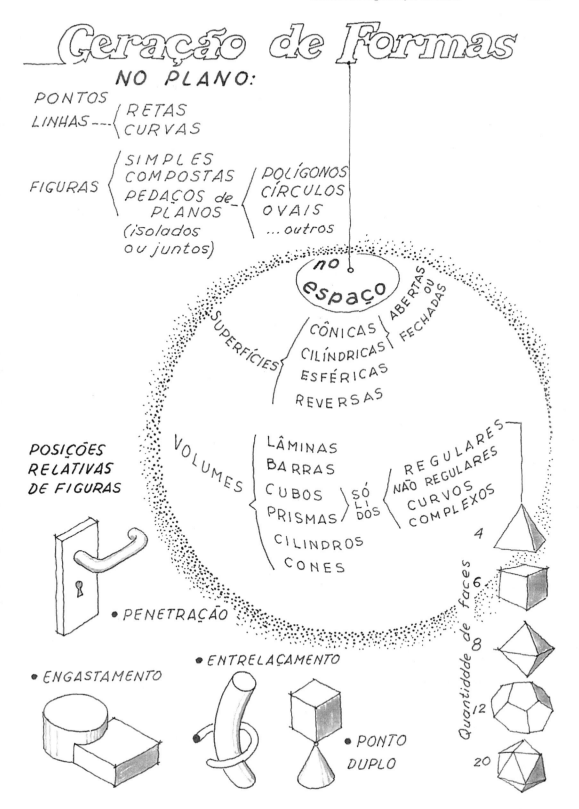

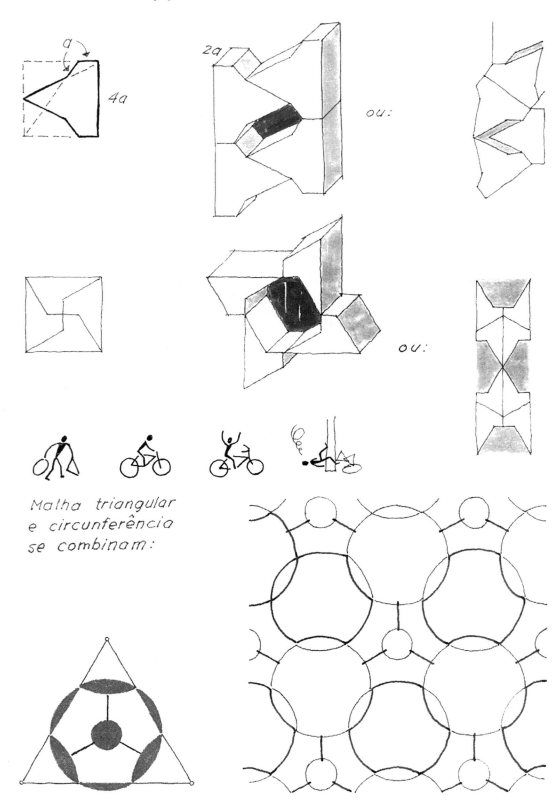

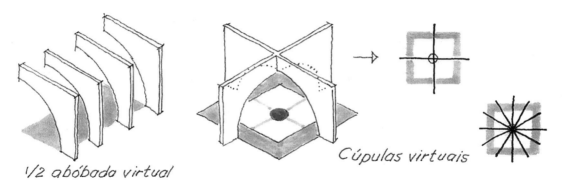

½ abóbada virtual

Cúpulas virtuais

Leituras recomendadas:

Centro de rotação

Geodésicas & Cia – Victor Amaral Lotufo e João Marcos Almeida Lopes – São Paulo: Editora Projeto, sem data.

Edros – Ricardo Sá – São Paulo: Editora Projeto, 1982.

Desenho e Organização Bi e Tridimensional da Forma – Tai Hsuan An – Goiânia: Editora da Universidade Católica de Goiás, 1997.

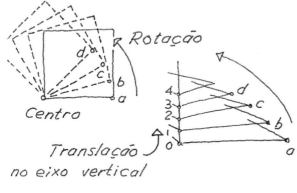

Centro
Rotação
Translação no eixo vertical

Rotação em torno de eixo curvo

A geometria abrange **MUITAS** possibilidades criativas, de modo que se pode criar sem complicar. Portanto, complicar pode ser o resultado da falta de conhecimento geométrico.

Podemos criar formas por meio de CORTES:

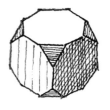  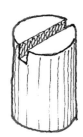

Pedaços são removidos, relocados:

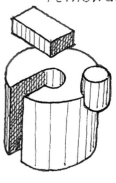 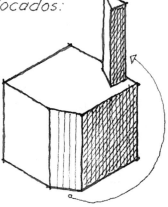 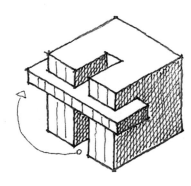

Com acréscimo de novos volumes:

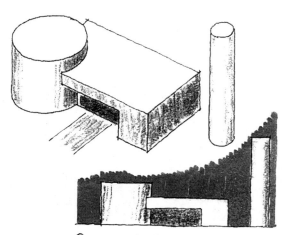

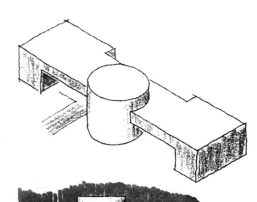

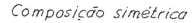

Composição assimétrica

Composição simétrica

O livro acaba aqui.* Fica a esperança de que o leitor faça DE(S)COLAR sua imaginação. Bons ventos o (E)LEVEM.

* O assunto apenas começou...

O duplo e a compensação

É normal que o pensamento racional e o intuitivo convivam no mesmo indivíduo. Menos comum é a posição extremada de ambos. Por exemplo: que o bom matemático seja, em compensação, excelente poeta. Foi o caso de Joaquim Cardoso, exímio calculista de estruturas arquitetônicas pouco convencionais e autor de poesias de alta expressão. Outro caso é do professor argentino Manoel Fernández Rodriguez, estudioso da Homologia que publicou livro excepcionalmente bem ilustrado e é cultor da poesia, como revela o texto que se segue.

Para quê?

Veio de Kandahar para sua distante aldeia, próxima de Karachi. O ancião Dazrahel havia sido mestre chefe da olaria da corte afegã. Se para os velhos amigos era inexplicável a volta do mestre oleiro à aldeia, ainda maior o era a vida que levava entre eles.

Levantando-se com o sol, ele dirigia-se para a montanha a fim de buscar raízes secas para seu forno. Viam-no triturar e amassar a argila com seus pés. Colhia uma massa informe de barro e a fixava habilmente em seu torno. Com a cabeça entre as mãos, passava horas concentrado.

Porém, uma vez a inspiração chegou e dos dedos do genial ancião surgiu um vaso extremamente belo.

Depois de 15 dias de secagem e convertida, depois da primeira fornada, em biscoito, o ancião apanhou seu barco e se dirigiu para mar adentro a fim de, na ausência de poeira, realizar a esmaltagem.

Todos se perguntavam quem seria o grande senhor para o qual Dazrahel havia feito a jóia.

Ao entardecer do dia seguinte, viram o oleiro sair com um vulto debaixo de sua túnica e, com ele, já à noite, regressar à aldeia.

E assim, dia após dia. Intrigados, persuadiram um rapaz para espiar o ancião. O rapaz, escondido atrás de arbustos, viu chegar o oleiro que, abrindo sua túnica, pôs o inquietante vaso no chão à margem do caminho e sentou junto dele.

Ao longe aparece um mendigo; o oleiro se levanta e, quando aquele se aproxima, põe o vaso em suas mãos.

A estupefação toma conta do rapaz que se denuncia com uma expressão de assombro.

O ancião Dazrahel o chama e lhe diz, pausada e afetuosamente:

Desejarás fazer-me três perguntas:

— **Por que não a vendo?**

   Para criar livremente.

— **Por que me desfaço dela?**

   Para fazer outra melhor.

— **Por que a dei a este homem?**

   Porque também o pobre tem direito à beleza.

Pela tradução <gildo.montenegro@gmail.com>
<gildomon@globo.com>